极简未来史

人类的趋势、未来与终极命运

A Brief History of
the Future

斯波特 著

中国友谊出版公司

图书在版编目（CIP）数据

极简未来史 / 斯波特著. — 北京 : 中国友谊出版公司，2017.4(2017.7 重印)

ISBN 978-7-5057-4012-9

Ⅰ. ①极… Ⅱ. ①斯… Ⅲ. ①社会发展史—通俗读物 Ⅳ. ① K02-49

中国版本图书馆 CIP 数据核字（2017）第 068284 号

书名　极简未来史
作者　斯波特
出版　中国友谊出版公司
发行　中国友谊出版公司
经销　新华书店
印刷　三河市文通印刷包装有限公司
规格　787×1092 毫米　16 开
　　　19 印张　280 千字
版次　2017 年 6 月第 1 版
印次　2017 年 7 月第 2 次印刷
书号　ISBN 978-7-5057-4012-9
定价　39.80 元
地址　北京市朝阳区西坝河南里 17 号楼
邮编　100028
电话　（010）64668676

目录

第一章

被征服的未来世界

我们应该意识到，曾经发生在19世纪的农民身上的事情，同样也可能发生在我们身上。因为自动化的普及速度是如此之快，可能用不了多久，绝大多数人的工作都将被机器取代。

两朵乌云和人类现代文明

一百多年前，当德国人普朗克决定报考物理学专业的时候，所有人都不看好他的选择，其中包括他的导师。他们都认为，古典物理学已经碰到了天花板，不会再有任何发展。如果想要对个人的前途有帮助，那么最好选择一个未来更明朗的专业。普朗克不为所动，他说他对物理着迷，想要了解更多细节。后来发生的事我们都已经知道了。正是凭借普朗克的卓越贡献和用他的名字命名的普朗克常数，量子物理才开始了它的春天，而人类文明也迎来了新的曙光。

在量子力学即将开创它的伟大征程的时候，英国科学家威廉•汤姆生认为，古典物理学已经再难寸进，未来的物理学家能做的，只不过是添加一些细枝末节而已。接下来，他做了一个十分精妙的比喻，他说物理学的天空正飘来两朵乌云。这两朵乌云指的就是相对论和量子力学。不知道威廉•汤姆生为什么会做出这样的比喻，究竟是认为乌云终将散去还是认为会带来不祥。总之，和历史上所有的一语成谶一样，这两朵乌云将人类带入了崭新的阶段，旧时期的文明连同古典物理学一起，都淹没在了历史的尘埃中。

尽管19世纪之前人类的生活非常缓慢——或者有些人称之为优雅，但是随着新世纪的来临，古典文明的光芒已经日趋微弱。在接下来的100年中，人类的文明和科技发生了翻天覆地的变化，有人把这种快速发展称作爆炸式发展。在20世纪之前，虽然第一次工业革命已经开始，并且将人类带入新的文明高度，但是科技的进步仍然是十分缓慢的。进入20世纪之后，人类文明掀开了新的篇章，而带来这一切的，正是我们之前提到的那两朵乌云。这两个新生的物理学理论不仅带给我们全新的生活，还深刻影响着我们的未来。

直到今天我们对量子力学也没有做到完全了解，或者说，量子世界是如此奇妙，我们至今没能一窥它的全貌。当代的物理学家们对于解释量子力学的本质毫无兴趣，对他们来说，最好的办法是老老实实地计算。量子力学的研究已经开始了很长时间，而且在这个领域集中了全人类中最聪明的那批人，但是他们仍然认为，量子力学是不可理解的。甚至连爱因斯坦都抱怨说，他在量子物理上花费的时间比研究相对论还要多。量子力学的这种不可解释的情况延续了很长时间，因此爱因斯坦提出了自己的怀疑。他认为量子力学的基础并不完备，同时量子的纠缠一定是由更深层的原因引发的。但是爱因斯坦的怀疑似乎被实际的观察推翻了。量子纠缠或许是我们身边的自然界中存在的无数基本原理之一，而并非其他原因所导致的。我们如今的文明是如此依赖量子物理带来的一些好处，但是这一切都根植于对它的不理解，这无疑是十分神奇的。

在未来，我们要对量子力学开展更加深入的研究，争取搞清楚一些它的基本原理。如果能做到这一点，人类目前面临的很多难题都将称不上是难题。例如，量子计算机的研究，如果人类能够对量子态有更深的了解，或许就能够实现量子计算。这将比现在运算速度最快的电子计算机还要快上无数倍。如果一个运算需要用电子计算机进行数百年的计算才能得出结果，那么用量子计算机的话则只需要几分钟就能完成这项工作。虽然这非常让人难以相信，但是人类已经能够在一定的条件下使用最原始的量子计算机进行最简单的运算了。科学家们已经开始了探索，这种探索虽然缓慢，但是人们对此却很乐观。想想IBM制造出的第一台电子计算机吧，它是如此巨大，能实现的功能又如此简单。但是只过了区区数十年，电子计算机就已经发展到了一个近乎极致的高度。

对量子计算的研究产生的推论是，人类大脑的计算速度也非常快，那么大脑中的神经元在进行运算的时候是否也是量子态的呢？如果能够弄懂这一点，或许会反过来对量子计算机的研究提供帮助。如果人的思想真的具有量子态，那么就可以弄清楚人类为何具有直觉，这是一个十分神秘的领域，需要新知识的介入才能取得更大的进展。

而两朵乌云中的另一朵相比之下则更加简单易懂，这就是爱因斯坦创立的相对论。相对论是经典力学的延伸，简洁明快，充满美感，让人着迷。相对论能够描述我们所处的宇宙，解释它的诞生并预言了它的未来。在相对论刚诞生时，号称全世界只有10个人才能够理解。现在，通过一个世纪的不断研究，相对论已经成了我们这个时代最为人熟知的理论之一。它的每一个细节都被反复推敲，并且没人会质疑它是否正确。相对论仍然能够满足人类无穷的想象力，它为我们预测了一个平滑的宇宙，并且预言了引力波，能够指引我们发现地外生命。这些工作和研究量子力学的本质相比，丝毫不会显得更加轻松。

引力波是相对论做出的最经典的预言之一。人们曾经认为，如果能够在宇宙中发现引力波，就能够让我们发现，在宇宙中到底存在多少黑洞，又有哪些遥远的恒星消失了，变成了超新星在宇宙中爆炸开来。这种引力波也能够说明为何宇宙中会存在波长不等的伽马射线。同时，因为引力波自身的特性，使它历经长距离和长时间的传播之后仍然能够不受干扰，不会衰减。这样，我们就能通过它来了解宇宙诞生之初究竟发生了什么。这一切都在2016年2月得到了验证。美国科学家利用LIGO引力波天文台探测到了引力波。这是爱因斯坦做出预言以来，人类第一次聆听到宇宙最深处的声音。这个发现足以验证相对论的正确性，并且会对我们的未来产生不可估量的影响。实验仍在继续，仍然有更多新的发现在等着我们。宇宙诞生之谜的最后一块碎片，终于被找到了。

进入21世纪，人类文明获得了飞速发展的同时，经济的提升和文明的发展也遇到了“瓶颈”。很多人都在思考，人类是否还会经历爆炸式的发展、人类文明的基石是否牢固。在现实生活中，和物理学一样，似乎也出现了两朵乌云。这是人类面临的困境和挑战，足以让我们警惕并投以足够的重视。

首当其冲的就是能源问题。能源紧张由来已久，进入21世纪之后，由于全球经济重心的转移和各国战略的变化，能源问题成了一个十分严重的问题。油价经历了快速上升的阶段。虽然历史上油价也经历过上升，但是往往是战争的原因。然而现在的油价上升并没有充足的理由，资源的紧张和市场的恐慌都推高了油价。虽然因为页岩油气田的大量开采，暂时平抑了油价，但是谁也不知道下一轮的油价上涨会出现在什么时候。

因为能源价格的上涨，全球几乎所有的原材料价格——其中包括铁矿石和各种资源——都开始上涨，并且在一个时间段内和油价的涨幅呈现出明显的正相关。同时，能源价格的上升也使全球的通胀幅度达到了一个新的高度。各国经济虽然受到了它的影响，但是没有像之前一样发生严重的衰退，反而迎来了一定程度的上升。因为能源储量的巨大不平衡，已经造成了拥有开采和购买能源力量的国家实力的不均衡。全球的资本结构被打乱了，财富正在以一种新的形式重新分配。

人类在现实生活中面临的第二朵乌云就是新能源的寻找和替代。我们如今面对的最大挑战就是如何解决日益加深的能源危机。化石能源的枯竭已经迫在眉睫，最好的办法就是找到一种或几种新的能源来代替。在寻找可用的新能源的问题上，有一个原则是我们必须秉持的，那就是应该用物理学的标准来衡量一种能源是否有被我们加以利用的必要，也就是说，使用这种能源带来的能量应当比使用能源本身耗费的能量要少，这样我们能够使用的能量才会实现正增长，而不是用现有的能源去填补新能源的窟窿，只为了一个得不偿失的“新能源”的漂亮称呼。

但是同时我们也要注意的是，有些人是用经济学里的投入和产出来衡量能源问题的。很明显，经济学的理论在这里并不适用，因为使用能源的本质是为人类社会提供能量。如果没有充足的能量供应，一切经济学原理也就失去了使用的机会。如果能够寻找到可替代的新能源，那么前述的第一朵乌云也必将消散于无形。

关于如何定义和解决新能源的问题，也反映了我们是如何创造和使用财富的。无论我们要制造什么东西或者获取什么资源，都要经历科学性和经济性两方面的考验。举例来说，在使用铁矿石冶炼钢铁这个过程中，科学家研究的是其物理和化学过程，是通过一系列科学定律来完成从矿石到钢铁的转变的。但是经济学家们使用另一套准则，他们计算铁矿石的买入价格，投入的设备、人力和时间的成本，最终计算出获得钢铁需要的价格。所以新的能源需要面临的也是这两方面的考验，那就是让自然科学的定律与现实中通行的经济规律都达到良好的契合度。

怎样寻找可替代的新能源，关乎人类的未来和最终的命运。人类无论是要解决地球本身存在的危机还是想要在未来探索太空，都离不开能源的支持。我们如今面临的最紧迫的问题，实际上就是能源的问题。能源的枯竭摆在我们面前，如何解决，就成了掣肘人类发展的最现实的障碍。因此，要想获得更加光明的未来，到达更高一层的文明领域，就需要我们一起努力，找到人类赖以生存的崭新能源。

下一个爆炸式发展在哪里

人类作为这颗蓝色星球上唯一的智慧生物，走过了漫长的进化之路。在人类之前，地球上也曾出现过若干霸主，但是随着时间的推移，这些生物都消失在了历史的长河中。在达尔文的进化论中，存在一个核心的观点，那就是所有生物都是自然选择的结果。一种生物只有适应环境，适应自然，才能够生存下来。从地球上出现生命的那一刻起，历经亿万年的进化，直到出现了人类，这个过程无比坎坷和惊心动魄。我们今天从遗留下的痕迹可以了解到自然选择的巨大力量，也能发现进化之路的奇妙。

人类当然也是自然选择的结果。在大约三百万年前，人类已经进入到了旧石器时代，能够制造并使用简单的工具。从这时开始，人类已经显著区别于其他动物了。但是即便如此，人类仍然深受大自然的支配。根据达尔文的进化论学说，我们通常认为人类是由类人猿进化而来的，而类人猿也是通过进化一步步产生的，这就是自然选择的结果。但是人类之所以脱离了类人猿的范畴，成为一个新的物种，就是因为人类虽然脱胎于自然的选择，但是已经能够在一定程度上改造自然，甚至在某些方面支配自然。通过对自然的改造，人类产生了文化和文明，进而出现了发达的人类社会。从这时开始，人类文明的发展速度越来越快，最终达到了现代文明。

作为智慧生物的独特标志，文明是人类进化之路上的一个里程碑。在创造了文明之后，人类才能够越来越得心应手地改造自然。人类进入文明时代的第一个创举是开始使用火。对火的利用给人类带来了更好的生活质量，比如取暖、熟食和驱赶野兽。这些都有利于人类自身素质的提高，并能更好地繁衍下一代。使用火还让人类能够制造很多工具，让人类能够更好地过上定居的生活。人类因为自身的能力不断增强，逐渐成为自然界中的支配者，并开始了对自然环境的改造和建设。同时，因为社会的发展，各个人类族群都产生了自己的文化，这进一步提升了文明的程度。人类此时不但能够改造外部的环境，更能对内在世界进行改造和升级。

当人类进入文明时代之后，人们就在一定程度上摆脱了自然的限制。虽然在很大程度上还要受制于自然，但是人类已经能够靠自己的能力解决很多问题。这时人类的主要目标就变成了发展文化，让社会进一步向前发展。人类首先要解决的是粮食问题，要实现温饱，就要提高粮食种植技术。为此，人类开始了第一步的探索，在农业上进行了革命，制造出了很多农业工具，并修建了很多水利工程。在这个过程中，工业也被带动了。人类为了从繁重的体力劳动中解放出来，创造性地发明了很多机器，这就带来了工业的革命。

工业革命是人类历史上的第一次爆炸式发展。通过工业革命，人类制造出了在过去难以想象的新事物，实现了生活水平和文明程度的飞速提升。人类进一步掌握了科学，利用科学进行了无与伦比的发明和创造。到这时我们可以说，人类成了地球的主人。但是人类从来不会自我满足，正是不断前行的动力让人类持续走上高峰。因为人类总是渴求一个更好的未来，因此在科学技术上实现了一轮又一轮的发展。新的工具被制造出来，新的植物被培育出来，人类在利用和改造自然界方面做得越来越好。

伴随着第一次工业革命的爆发，人类文明的发展速度不断地加快。在过去，文明也会时有发展，但是经常会陷入停滞。文明的成果都是分段诞生的，而不是像现在这样集中涌现，并且飞快地更新换代。以中国古代的伟大发明来说，它们很早就被创造出来，并且随着与世界各国的贸易传向了很多地方，深刻影响了其他的文明。但是即便如此，它们在被发明之后的很长时间之内都没有得到进一步的改进，也没有其他东西被发明出来。这些创造只能说是偶然的，是不可重复的，甚至可能只是在某一次实验中得到的副产品。这注定无法带来科技水平的有效提高，也就无法使文明进一步向前发展。

所以说，工业革命开启了人类世界的现代化进程。在其后的200多年中，社会的各个领域都发生了翻天覆地的变化，人类在这段时间里取得的成就，比之前的数十万年间取得的总和还要多。这种爆炸式的发展首先是靠科技的革命和创新。利用新的科技，人们得以制造出更有力的机器，推动了工业的发展。同时人类也开始更大规模地利用能源，虽然我们前面提到，能源问题已经成了人类如今需要面对的首要问题，但我们仍然无法忽视能源给人类带来的巨大改变。在能源被利用和机械被发明之前，人类只能通过最简单原始的方式来利用自然界中的水能和风能，比如风车、水车和帆船。在有了机器和能源之后，人类不但能够解放双手，还能大规模提高生产效率。

同时我们需要看到的是，尽管人类社会的文明程度和生活水平不断提高，但是和这种发展不成比例的是道德水准的提高。在20世纪，爆发了两次世界大战，无数人死于战争和饥饿。在这之后，屠杀和战乱仍然时有发生。宗教原教旨主义的抬头，也带来了恐怖主义的蔓延。直到今天，中东地区仍然深受伊斯兰国（ISIS）的影响，难民数量不断上升，给欧洲和世界各地带来了深刻的危机。我们在享受现代文明的同时，也不应忽视这些苦难，因为这些是人类需要共同面对和解决的难题。

在20世纪60年代，欧美发达国家中出现了一种思潮。这种思潮是对当时正在进行的一系列绵延日久的战争的反思，也是对人类自身的反思。人们不禁认为，现代文明虽然提高了人的生活水平，但也把人类带入了一种虚无的境地，让人类的心灵更加空虚。虽然我们越来越富有，但是这并不能让精神世界变得更加充实。也可以这样说，正是因为科学和文明的进步，让人类的思想得到了更多的开发，有了更多思考的空间，才让人们越发感觉到社会中存在的问题，意识到自身面临的诸多危机。

现在，我们已经经历过了爆炸式的发展，并且稳稳地站在一个时代的开端之前。我们将怎样迎来下一个快速发展呢？人类如今面临着纷繁复杂的国际形势，科学产出的成果并没有完全用来谋求人类的福祉，而是反过来加害人类。虽然世界范围内的大战已经不再发生，并且暂时没有再次发生的迹象，但是区域性的局部战争仍然不曾止歇。在自然界中，动物之间也经常会爆发领地之争，但是它们是为了真切的生存。人类之间的战争争夺的，是凌驾于基本需要之上的利益。有人认为，文明越是向前发展，个体和个体、群体和群体之间的竞争就会越激烈，发生战争的概率就会越高。但是也有人的意见完全相反，他们认为，文明越是进化，人类的道德水平就会越高，战争这种行为将会彻底消失。

无论如何，战争给人类带来的灾难是深重的，比历史上任何一次自然灾害都更加严重。科技的发展也带来了武器的更新迭代，尤其是核武器的出现，更为地球和人类的未来蒙上了一层阴影。虽然拥核国都承诺不会首先使用核武器，但是威胁是现实存在的。在经济方面，一场没有硝烟的战争也在悄然展开。因为经济上的竞争，造成了资源上的过度开采和掠夺。人类能够获得的自然资源正在以肉眼可见的速度消耗着，一旦资源枯竭，人类也就走到了尽头。

在自然环境方面，人类文明越是向前发展，对自然环境的毁坏程度就越大。人们向天空排放废气，向海洋和河流排放污水，砍伐森林而且过度放牧。在这样的情况下，自然界中的生物大规模地灭绝，被称为地球之肺的热带雨林不断缩小，沙漠的面积则不断扩大。因为发达的农业能够提供充足的食物，发达的医疗能够治愈很多疾病，所以人类的平均寿命大大延长，使得地球上的人口数达到了前所未有的高度。在自然界面前，人类不断地索取。虽然自从进化为智慧生物，人类就没有停下改造自然的脚步，但是现在，自然开始发出了不堪重负的声音。

未来的人类将走向何处呢？下一个爆炸式发展带来的又将是什么呢？是否会将人类带入一个新的轨道，解决如今存在的棘手问题呢？这是我们需要面对的问题。虽然科学和技术的提升，让我们获得了前所未有的决定自身命运的能力，但是我们也同时具有毁灭人类本身的能力。究竟向何处去，完全取决于人类本身。

无论是从纵向的历史来看，还是从横向的文明扩张来看，在整个人类历史乃至地球历史中，呈现出爆炸式发展的机会都是很少的。而且我们必须看到，虽然科学得到了发展，但是人类的道德水平仍然没有得到相应的提升。人类的生活从来不只是变得更加便利这样简单，因为人类社会的复杂程度，必然使我们面对社会与社会、群体与群体、国家与国家之间的隔膜和交流。如果我们能够吸取历史的经验，明白文化的交流和文明上升的途径，并在道德方面对自身加以约束，或许就能到达一个更高的层次，让生命获得更多的表现形式。要实现这一点，就不能单纯依靠科学的进步，也不能单纯指望经济的增长。人类必将在未来开创一个新的时代，这个时代需要我们所有人的参与。一场大雨结束了，无论如何，太阳总会在第二天升起。这个世界总是这样，人类的希望也总是存在。

医学变得更加精确

地球上的几乎所有生物都会受到疾病的影响，人类显然也不例外。区别在于，在面对疾病时，其他生物只能靠自愈，而人类则可以通过医疗手段来主动地治疗疾病。人类自从开始懂得了使用医疗，平均寿命就大大提升了。不过，虽然医疗行业不断取得进展，医疗手段也在不断进步，但是我们在很多疾病面前仍然很脆弱。还有很多疾病无法查出病因，或者治疗方案并不能完全与症状相符。这一情况在未来将会发生改观，通过软件专门对每个病人的基因进行分析，人们将得到更加个性化和精确的治疗。

2015年，美国总统奥巴马在他的年度国情咨文中，第一次宣布了精准医疗计划。这种治疗方法之前已经在一些地方开始小规模实施，但是并未如此郑重其事地进行宣传，奥巴马的表态把精准医疗推到了台前，让人们更加了解什么是精准医疗，以及它将为人类社会带来怎样的改变。

所谓精准医疗，就是在治疗疾病时，根据每个患者自身的情况，比如生活的环境和条件，患者在基因层面独具的特征以及遗传信息等，为患者量身定做一套完全个性化的方案。这个方案能够与患者本人完全匹配，通过分子诊断和成像技术分析来查出病因，指导用药和精准的靶向治疗。

科学家们在完成了人类基因组计划之后，想要利用对患者进行基因测序得到的遗传信息来指导患者如何使用药物，但是很多疾病都不是一个基因造成的，而是很多基因共同起作用，所以很难通过一次测序就能迅速判断出来。到了2011年，美国科学家第一次提出了精准医疗这个概念，计划设立一个新的学科，从分子层面对患者的疾病进行分析和归类。这有别于传统的通过症候来判断疾病的原理，所以也被称为新分类学。同时，科学家们还计划建立一个数据交流的平台，实时分析患者的各项临床数据，用来对其他的治疗方式提供指导。

2014年，英国又提出了一个新的计划，想要通过基因测序来找到导致癌症和其他复杂疾病的具体基因，这就是“十万基因组计划”。这一计划预计需要耗时3年，在2017年能够取得初步的结果。如果该计划能够达到预期的效果，那么就会在癌症和重大疾病的治疗上获得巨大突破。很多医学专家预测，现在用来治疗癌症的重要手段之一的化疗，可能会在未来的20年里逐渐消失。新的治疗将取代这种带来额外痛苦的治疗方式，大大延长患者的预后寿命。

精准医疗诞生的最大原动力和所要解决的第一个重大问题，就是攻克癌症。随着人口老龄化程度不断提高，许多国家最主要的人口死亡原因都变成了癌症。通过研究，医学家们发现引发癌症的主要原因是分子的变异，也就是说，不同的癌症对应的基因信息是不同的，变异的类型也是不同的。癌症的发作通常是因为基因的损伤累积导致的肿瘤病变，而一个人的遗传信息可能就决定了他罹患哪种癌症的可能性更大。在认识到这一点之后，对癌症的评估和治疗就走上了另一条更加精准的道路，靶向治疗技术便应运而生，并且已经成功地治愈了很多患者。此外，通过基因测定肿瘤标记物，能够调高预测癌症的准确率，为癌症的预防和免疫疗法提供了很大的帮助。

但是精准医疗不只是为治疗癌症服务的，它的最终目的是对疾病做出有效的评估和预测，从而使我们能够更好地管理自己的健康水平。要想实现这一点，就要加大科研投入的力度，让精准医疗不仅面向重大疾病，而且深入日常的疾病预防中。不但要治疗疾病，还要在卫生保健领域发挥自己的重要作用。

今天，在如何更准确地用药、如何提高用药效率等方面，基因研究和精准医疗研究都提供了很大的帮助。在此基础上，医学家提出了一种新的概念，那就是需要治疗的总病例数概念。这一概念建立在对临床药物的评价体系上，用来描述需要有多少人接受了治疗之后才有一个人被治愈，这个数值越小，说明药物的效果越好。

但是临床应用的统计结果十分不乐观，因为总病例数显实，很多我们耳熟能详的常见药物对于疾病的治疗效果十分有限，其中就包括阿司匹林和抗生素等。通常来说，我们会认为阿司匹林在心脏病的防治上有很好的效果，但是实际上通过总病例数我们能够知道，它并不能完全达到我们期望的疗效。这可能与每个人的生活方式以及本身的基因信息有很大的关系。其实很多人并不是依靠药物才实现了疾病的痊愈，人体的自我修复功能也有很大的功劳。由此我们可以判断，很多药物其实并不是我们需要的。

为什么同一种药物被不同人服用之后，带来的疗效会有如此大的区别呢？在过去我们对此并不了解，但是通过人类基因组计划，科学家们发现，每个人类个体所包含的30亿对碱基都存在微小的差异，差异率约为0.1%。也就是说，每个人和其他人之间都有大约300个碱基对是不同的，这就造成对药物的吸收和作用出现了差异。因此在治疗疾病方面，尤其是在治疗与基因遗传信息密切相关的癌症方面，就更需要使用精准医疗来有的放矢。

精准医疗之所以能够实施，最重要的是依赖越来越发达的基因检测技术。科学家在1990年第一次试图为人类的基因进行测序，并吸引全世界很多国家和地区的科学家共同参与。但是受当时的科学条件限制，这项工作一共进行了13年，且花费巨大，将近30亿美元。随着技术的不断成熟，在2009年已经有科学家能够凭借个人的能力完成基因测序工作，并且只要花几万美元就可以了。到了现在，基因测序的成本不断降低，效率也得到了大幅度的提高。美国有一家专业的基因测序公司，每年能够为1.8万人进行基因测序，每个人只需要不到1000美元，就能够知道自己独一无二的基因遗传信息。

通过了解自己的基因信息，人们就能够知道自己会有怎样的遗传倾向，还能知道可能患上什么样的重大疾病。这就让我们头一次能够自己决定自己的命运，是接受还是改变，完全由个人说了算。这种测定能够提示的是一种风险的预判，最终的决定权还是在每个人自己手里。安吉丽娜•朱莉在发现自己有罹患乳腺癌的巨大风险之后，选择了切除乳腺，并发表文章解释自己这样做的理由，号召每个人都要关心自己的身体。但是与之相反，一位哈佛大学的心理学教授在发现自己具有一个突变的极影，在很大程度上可能会导致自己患上一种致命疾病的时候，却选择忽略它，并没有放在心上。

基因测序的技术水平仍然在不断提升，相应地，检测成本也在降低，让更多人都有能力承受。在这几方面的共同努力之下，未来会有越来越多的人愿意主动接受基因测序服务。现在流行的妊娠期间的若干筛查能够有效降低有先天缺陷的新生儿数量，但是仍然无法准确地预测风险。在基因技术越发成熟的今天，这种预防手段能够大规模使用，来预防出生缺陷和发育迟缓，或者其他在常规手段下无法确定病因的疾病。

不过，虽然我们能够应用基因测序来实现一定程度上的精准医疗，但是目前在这一领域存在的最为迫切的问题是，我们十分缺乏能够进行基因检测的专门人才。不是每个医生都能够完成这项检查，而且也不是每个医生都能够看懂检查结果所要表达的意思。

美国一位遗传医学家就曾遇到过这种问题。一对父母认为他们5岁的孩子患上了严重的遗传性疾病，于是来找他。这个小女孩儿和同龄的孩子相比，身高明显要矮上一大截，而且四肢的协调性很差，免疫系统似乎也有问题，很容易生病。这对父母之前带女儿进行了基因检测，想要搞清楚她的病是否和基因缺陷有关。检查之后，他们去的那家医院的医生告诉他们，孩子的22号染色体出现了基因缺失的情况，这就是说，她患上了迪格奥尔格综合征，这种病会造成患者发育不全，而且先天性没有胸腺。这种综合征不仅会导致机体上的发育不足，还会造成严重的精神疾病，并且以现在的医学条件无法治疗。这对父母在绝望中找到了前述的遗传科学专家。这位专家在重新核对了检查结果之后发现，这个小女孩儿的基因缺失并不会导致迪格奥尔格综合征。知道自己的孩子没有患上那种严重的疾病，这对父母松了口气，直呼感谢上帝。

这个例子告诉我们，现在对于基因检查的结果判断有时并不准确，因为基因太过复杂，所以不是每个人都能看懂那些图标所表达的含义。这样的失误非常多见，不但会让患者和家属背负巨大的心理压力，还会导致很多意料之外的伤害。虽然医生能够通过理论学习来弥补专业上的不足，但是能够教导他们这方面知识的专家却也不多。这是一个亟待解决的问题，它和基因测序公司如火如荼的发展趋势背道而驰。所以让更多医生进行相关的培训，势在必行。

当然也有些人认为，虽然基因测序能够帮助我们规避很多疾病的风险，但是有些疾病和基因的关联表现得并不明显。对于一些高风险人群来说，良好的生活方式依然是预防疾病的主要方式。即便是通过了基因检查，在平时的生活中注意运动和保持健康饮食依然是十分必要的。精准医疗不是我们能够放任自己的借口。虽然精准医疗能够为我们在战胜疾病方面提供更加强有力的武器，但周边环境和自身行为仍然是基因得以发挥作用的重要先决条件。有了良好的生活方式，再辅以精准医疗的强力手段，人类才会变得更加健康。

能够更好地利用核能

在人类不断向前发展的历程中，有一项重大的进步就是关于如何使用能源的。人类区别于动物的其中一点就是会用火。能源为人类的发展提供了能量和基础，让人类的生活得以变得越来越好。在历次工业革命中，对能源的利用程度也决定了人类文明和生产力进化的方向。但是随着经济的不断发展，人们如今面临着这样一个十分严重的局面，那就是大范围、大强度地使用能源造成的资源枯竭、环境污染和生态环境的不断恶化。

人类使用最多的能源，无疑是化石能源。这种能源是不可再生的，供应能力有限，且供需关系极度不平衡。化石资源包括煤炭、石油和天然气等，它们在为全人类做出了巨大贡献的同时，也成了亟待解决的问题。如果按照现在的速度继续开采和使用，全世界的石油总储量也不过只能再使用50年；煤炭的情况稍好，但也只能维持不到

200年。在这样的背景下，人类不但面临着资源短缺的形势，还要承受过度开采和使用造成的环境恶果。尽管化石能源已经日渐枯竭，但是它的替代品仍然没有被大规模地普及。很多国家都在想方设法地研究可再生和可持续发展的新能源，并且取得了一定的进展和成果，但是化石能源仍然在资源利用方面占据着主导地位。

地球的环境如今十分危险和脆弱。化石燃料在燃烧过程中会产生各种各样的有害物质，其中温室气体是最大的污染之一。每年，全球为数众多的火力发电厂和数量越来越多的汽车尾气都带来了大量的二氧化碳。这些气体在大气中不断积聚，造成了严重的温室效应，全球变暖，海平面上升，灾害性的天气越来越多。而在不久的将来，一些城市将会被海水淹没，这并非危言耸听。

那么该如何阻止这一切的发生呢？答案就在于减少对化石燃料的依赖。如果我们能够少用甚至不用化石燃料，就切断了温室气体的一个重要来源，不会再对全球变暖雪上加霜。在化石燃料之外，找到一个更好的替代品来满足人类的长期需求，并且拯救地球的环境，这样就能解决我们面临的严重问题，甚至能够避免很多灾难。是否存在这样一个替代品呢？答案是肯定的，随着时间的推移和研究的深入，这种能源被证明了是可靠、高效和安全的，这就是人类的未来之光：核能。

学会使用核能，给人类带来了另一种可能，能够让人类的文明继续向前发展，而非冒着焦头烂额的风险。核能使用的原料能够在几年甚至几十年的时间里不断释放能量，而且核能的效率很高，只需要很少的核燃料就能释放巨大的能量，这就可以让人类在相当长的一段时间里都不必担心资源枯竭的问题。我们已经走向了一个原子时代，利用核能解决能源和环境危机，并且更加廉价和高效。核能之所以能够肩负起这样的重任，是因为它具有其他能源不具备的诸多优点。

首先，地球上拥有巨大的核资源储量。能够用来作为核燃料的物质有很多，这些能够被加以利用的资源能够释放的能量相当于目前所有化石燃料的数十万倍。人类目前仍在研究受控核聚变，这项研究如果能够取得突破，那么就能使用氢元素和它的同位素作为核燃料。这些元素在自然界中大量存在，并且转化效率巨大，几乎相当于取之不尽、用之不竭。

其次，只需要使用很少量的核燃料就能够产生十分强大的能量。同体积的核燃料中含有的能量相当于化石燃料的数百万倍。如果说火力发电厂每年要消耗几百万吨煤炭发电，那么一座核电站要达到同样的发电量，只需要几十吨核燃料。无论是耗费的资源数量、运输成本还是产生的排放物，核电站都存在着巨大的优势。

使用核能的成本也更低廉，花费同样的价格能够产生更多回报。虽然建设一个核电站的早期投资数额巨大，其中包括建造反应堆和相应的配套设施以及安全设施、购买核燃料，并最终处理核废料。但是随着核电站开始运转，成本将被摊薄，只需要数年的时间，成本就会低于传统的火力发电厂。以美国为例，一座火力发电厂每生产1千瓦时电力需要的成本是6.9美分，而核电站生产同样的电力只需要花费0.1美分，二者相比，显然核电的经济性更高。而且核能不容易受到其他因素的干扰，因为核燃料的供需关系相对来说比较平衡，采购成本更加稳定。其他的化石能源则容易受到世界政治环境的影响，我们能够从历次石油战争中清晰地看到这一点。

核能造成的污染和对环境的破坏也非常小。化石燃料在燃烧过程中不仅能够产生二氧化碳这样的温室气体，还会排放出大量的二氧化硫和一氧化氮，这些气体是极其有害的。核能在使用过程中不会产生二氧化碳，这将放缓全球变暖的过程，让环境逐步得到改善。火力发电厂虽然也在不断提升煤炭的使用效率，但是仍然难以避免燃烧不完全的问题，煤炭中的杂质很容易随着烟囱中的浓重烟雾扩散到周边地区，造成环境污染。核电站则具有十分完备的防范措施，不但不会向周围排放废物，也几乎不存在有放射性的危害。当一座核电站运转的时候，在它附近生活的人接受的放射性是十分微弱的，一年的总量也比不上在医院接受一次X光透视时受到的辐射多。

核能具有如此众多的好处，所以显而易见是化石燃料的一种上佳替代品。欧洲的一些国家曾经走在了全世界的前面，整个西欧地区用电量的1/3都是由核电站提供的。这些核电站不但承担了很大一部分供电量，还节约了很多能源，减少了大量的二氧化碳排放。以英国为例，核电站不但能够为全国1/4人口提供电力，每年还能少产生6000万吨二氧化碳，这几乎是英国所有汽车一年里排放的尾气的一半。但是核电站如今在西欧却越来越不受欢迎，那里不但不批准建造新的核电站，也不再修复和翻新老旧的核电站，还打算关停其中的一部分。不仅仅是欧洲，美国对待核电的态度同样模糊不清。欧洲只剩下法国和芬兰等铁杆核电支持者，其他国家不再发展核电，但是它们却乐意进口核电。

这种情况为什么会产生呢？作为化石燃料的替代品，核能具有的好处不言而喻。人们最大的担心，还是核燃料可能造成的辐射问题。出于对辐射的恐惧，人们越来越担心核能有一天会不受控制，对人类造成危害。在早期的切尔诺贝利核事故和前几年日本海啸时发生的福岛核电站事故之后，这种恐惧更加深入人心。但是实际上核电站真的如此恐怖吗？答案当然是否定的。

我们每天生存其中的大自然里，天然存在着各种辐射。人类在正常剂量的辐射中是安全的，不必担心受到危害。我们每天脚下踩着的土地里就含有大量辐射，但是不足为奇。一个防护措施良好的核电站，每年产生的辐射量还不到我们日常接受的环境辐射的1%，可以作为参考的是，接受X射线透视时产生的辐射量能够达到环境辐射的14%，但它依然是安全的。核电站产生的辐射对人体造成的影响微乎其微，甚至可以忽略不计，远远没有烟草和过期食品带给人们的危害大，但是人们对后者似乎相当宽容。

如果人们对核能心怀恐惧，就应该去法国看一看。法国的核能发电量达到了全国总发电量的80%，还在全国各地分布着60个核电站。如果核能会带来如此严重的危害，法国一定早就陷入了万劫不复的深渊中了。但是现实中的场景你也看到了，法国人仍然在过着浪漫的生活，完全没有一些人想象中的那样恐惧或担心，甚至还拥有世界领先的健康水平和平均寿命。

虽然有人宣称核废料要历经数十万年才会停止衰变，但是事实上，这些废料只有在头几年产生的放射性是足以造成危害的，其余的漫长时间里，它的危险性会持续减弱。英国每年燃烧煤炭和石油制品等化石燃料产生的二氧化碳能够在整个英伦三岛上覆盖一层厚达10米的气体云，而一座核电站产生的核废料甚至装不满一个小房子，不值得人们如此担心。而且似乎把核燃料的产物称作核废料也是不严谨的，因为在核反应中只发挥了这些原料3%的潜力。经过处理和加工，这些原料能够被再次使用。整个英国目前拥有的核废料蕴藏的潜能，比北海油田的所有储量还要多。

我们可以选择的一条能同时满足安全性和经济性的道路，那就是建造更加高效的小型反应堆。这样既可以避免大型反应堆需要的巨大空间和建造成本，选址能够更加灵活。小型反应堆的建造时间也会相应缩短，能够提高投入产出的效率，还能够在一定程度上缓解恐核人士的焦虑感，降低可能存在的安全隐患。

核能还是人类进军太空的帮手。从目前人类掌握的技术来看，想要在星际间实现远程旅行，唯一可选的动力来源似乎只有核能。虽然目前普遍使用的化学燃料推进器能够把飞船送到太阳系的边缘，但是在星际空间里，这点距离简直不值一提。由于燃料的体积限制以及做功的效率，凭借化学燃料显然是不适合长途飞行的。与之相比，核能很明显更加适合星际旅行。早在20世纪60年代末期，美国宇航局就曾设想过将宇航员送到土星上，这个计划是和阿波罗计划几乎同时提出的。当时他们设计了一种核能推进器，通过核反应加热液态氢向后喷出，形成巨大的推动力。这种推进器和传统的火箭相比能够携带两倍以上的燃料，所以能够航行更远的距离。但是因为这个计划过于超前，相比之下登月更加容易实现，所以阿波罗获得了优先拨款资格。因为缺乏资金，这一计划于20世纪70年代被取消了。

被誉为硅谷钢铁侠的埃隆•马斯克（就是创造了特斯拉的那个家伙）成立了SpaceX公司，用来满足他的火星殖民计划。他正在推进新型火箭的研发，他的公司制造的猎鹰9号火箭已经成功实现了多次飞行，为国际空间站提供补给，并且还成功回收了一级火箭。这是个了不起的创举，能够大大降低火箭的发射成本。埃隆计划在未来通过他的可回收火箭在太空中组装成一艘巨大的太空船，并载人飞向火星。在他的设想中，人类将在火星建立基地，并将它作为深入太空的前哨站。在核能被充分利用之前，或许只能靠这一点才能让人类开始征服茫茫星际的旅程。

我们依然要说回核能。对核能的利用，让人类进入了原子时代，在掌握人类自身命运的道路上迈出了重要的一步。虽然核能仍然处于发展和完善之中，也出现过一些引起人们担忧的事故——其中以日本的福岛核事故为最，但是我们需要做的不是停止前进的脚步，而是发现问题、克服问题，最终让核能被人类驾驭。化石能源已经日渐枯竭，造成的环境恶果也逐渐显现，所以我们迫切需要一种新的能源。核能带来的极其个别的事故不应成为我们放弃它的理由。在可以预见的未来，核能都将是化石能源的最佳替代品，也将成为人类最重要的能量来源。

所有的一切都是自动的

人类社会的平稳运行，从来都离不开经济的发展。而经济必不可少的组成部分，就是社会中各种各样的工作。我们每个人从事的职业都不尽相同，但是共同之处在于都为社会的进步做出了自己的贡献。如果全社会一半的人都没有了工作，那么这个社会就根本谈不上有经济了。社会将会面临巨大的震荡，甚至崩溃。但是这种情景并非全是想象出来的，历史上曾经真的发生过类似的事件。在19世纪初，当第一次工业革命爆发的时候，社会中就呈现出这样一种状态。在工业得到大发展之前，大多数人从事的是与农业有关的工作。在美国，有超过70%的劳动力都工作和生活在农场里。

如今，工作岗位已经发生了巨大变化。工业进入了自动化的时代，很多岗位已经无须人力操作。和从前相比，人类已经从很多领域撤出了。机器解放了人类的劳动力，甚至代替了很多为人类工作的动物。但是这些劳动力并不是从此以后都没有别的工作可做了，工业虽然实现了自动化，但是自动化带来了很多新的工作岗位，能够吸收很多人重新就业。

过去大量在农场的田间劳作的人们走出了乡村，来到新开设的众多工厂里。这些工厂能够生产和制造与我们的生活密切相关的产品，比如衣服或者汽车。于是，很多在过去闻所未闻的职业出现了，诸如汽车修理工、车床操作工、电影放映员和电脑软件工程师等，这些职业都诞生于工业化时代。它们随着新技术的诞生而出现，会回过头再推动相关技术的不断发展。

我们也同样应该意识到，曾经发生在19世纪的农民身上的事情，同样也可能发生在我们身上。因为自动化的普及速度是如此之快，可能用不了多久，绝大多数人的工作都将被机器取代。这是又一场技术的革命，带来的结果就是人类几乎不用再亲手操作任何机器或进行劳动。制造机器的成本越来越低，而智能化程度则越来越高。无论是传统的体力劳动还是更高级的脑力劳动，都将被自动化代替。

在已经实现了自动化的行业中，机器的地位变得无比重要。这些机器不但可以从事流水线上的工人能做的一切工作，甚至还能代替管理人员实行其职责。只需要给这些机器通上电，它们就能够不间断地完成繁重的工作，而从不知疲倦。它们不但能够简单地搬运货物，还能通过智能软件将这些货物分门别类地加以处理，或者是送到专门的货架上进行储存，或者是送上货车运输到消费者的手中。在农田里，自动收割机早就已经普及了。现在，连采摘蔬菜和水果都已经实现了自动化。未来采摘一切水果都无须人类亲自动手，如果想要找到这种原始劳作的淳朴感觉，只能去专营这类服务的采摘园。

除了体力劳动者的工作大量被取代，实际上，一些脑力劳动也已经被悄无声息地替代了。白领们在办公室里进行的日常工作，已经开始大量使用人工智能。很多技术含量不高的工作，如文书处理和制作表格等，都会由机器人来完成。在医学方面，甚至连一些手术都无须医生亲自上台主刀。只要输入程序，医疗机器人将按照严格的流程完成一台手术。如果说医生还有什么优势的话，那就是医生的经验更加丰富。如果手术中遇到紧急情况，有经验的医生会用最快的速度采取最合适的方法来补救。但是人工智能的学习功能十分强大，相信用不了多久，机器人将会成为手术台边的主力。

所有的行业——你能接触到和想到的全部——都将进入全面的自动化时代。无论你是在从事何种工作，都无法保证在一个岗位上一直工作下去。或许现在的人们可以庆幸能够工作到退休，而未来的人则可能每隔几年就换一份工作，因为原来的工作已经不再需要他了。随着科技的不断进步，在未来，机器人将成为一股汹涌的浪潮，全方位地占领人类世界。

但是我们也应看到，有些领域仍然牢牢掌握在人类手中。虽然制造行业已经基本被自动化攻占了，但是在服务行业，人类依然是绝对的主力。比如一家饭店总是会更新菜谱，厨师也总是会产生新点子，做出更有意思的菜肴。这就意味着，几乎不存在一成不变的工作方案。如果机器人想要参与，则只能做一些不需要动脑的工作，比如切菜、刷盘子或者给煎牛肉翻面。如果机器人更加善于学习，并最终学会了如何做出更好吃的饭，占领了厨房，人类也会创造出新的工作岗位，来完成一种全新的工作。

那么，机器人是怎样一步一步地从人类手中把工作拿走的呢？根据职业的不同，机器人的参与也存在区别。在一些传统的工作领域，人类原本能够完成一些工作，但是需要花费更多的时间和精力，还有可能出错。可是如果使用自动化的机器，则能更好、更快地完成工作，甚至能够杜绝出错的可能。以织布为例，如果用手工的方式来纺织，效率会很低，自动纺织机能够大大提高织布的效率，带来成本上的降低。我们如果要购买手工织物，通常是青睐手工加工过程出现的一些不完美，并且反而要为这些不完美支付很高的溢价，因为它们的成本更高。

但是在另外一些领域，由于人为原因造成的失误则是完全不能接受的。比如更加复杂的机械制造领域，在需要很高精度的研磨和装配时，我们一定希望完成得尽善尽美，但是人类难免会犯一些错误。这些错误造成的后果，可能就不只是印花布上的某个色块分布不均匀了。设想一下吧，当你驾驶一辆汽车以100千米/小时的速度在高速公路上疾驰，而你的车在制造时出了一点小差错，导致车辆失去了制动力而无法停下，这时你肯定会认为，在制造汽车时，机器比人更加可靠。

从20世纪90年代开始，很多需要人类做出专业判断的工作都由机器或者电脑取代了。过去人们总是认为，和人相比，机器的分析能力是落后的，因为机器不会思考。但是随着技术的发展，实际的情况是，机器在很多方面比人类更加懂得如何分析和处理。既然在制造行业我们已经欣然接受了机器人代替流水线上的工人，那么在不久的将来，我们也会接受机器人出现在服务行业。

还有一些工作是人类根本无法完成的，只能依靠机器人来从事这些工作。比如我们几乎每个人都在使用的移动设备或者电脑里的芯片，全靠机器来加工和制造，因为人类完全不具备处理纳米级材料的精度和控制力。还有谷歌这样的搜索引擎，我们使用是如此频繁，以至于根本无法意识到搜索技术背后应用的科技和能量。如果单靠人类自己，是不可能在互联网的海量信息中筛选出自己想要的答案的，只能让智能设备代替我们来做这样的工作。

人类经常担心机器人是否会在将来成为人类的威胁，但是他们没有注意到生活已经被机器人进行了多么深刻的改造，也不会想到如果没有机器人去做那些人类不能胜任的工作，生活将会变成什么样子。如果没有机器人代替人类处理一些事情，那么我们将会过得很不舒适。想想在原始社会里，所有工作都由人类完成的时候是什么样子吧，你一定不会想要回去的。而如果没有这些机器人，我们就会过着这样的日子。

有一些工作在人类社会中原本不存在，是因为自动化的普及才得以产生的。比如我们现在使用互联网进行交流、能够实现微创手术，还能制造出精密的仪器用来探索太空之上和大洋之下。我们现在习以为常的一切，都会让100年前的人类惊讶得合不拢嘴。即使是当时最优秀的科幻小说家，也无法描绘今天生活的万分之一，更别提电视、空调和高速列车了，这些由机械自动化带来的新生事物大大提高了人类的生活质量，让我们得以更好地改造这颗蓝色星球。

只能由人类自己完成，并且无法被机器代替的工作，似乎只剩下了一样，那就是思考并做出选择。只有人类能够决定自己将要做的事，而机器则不能。机器人所做的几乎所有事情，都是按照人类事先设定的程序来进行的。值得庆幸的是，人类懂得如何思考，并且在未来可以预见的时间里，都不会把这项工作的权限下放到机器人的手中。如果有一天人类连思考和做决定都需要依靠机器的帮忙，那么人类距离自己的末日也就不远了。

未来，自动化将会继续深入我们能够意识到或根本不会留意的诸多领域。在工业中，自动化将继续完成人类交给机器的任务，也将更加智能化。在建筑工地上，不会因为缺少建筑材料而导致停工，因为自动化的数据管理不会允许这种情况的发生。在城市建设中，机器人将会实时自动检测哪里的公路出现了破损、哪里的路牌需要更换了，然后会自己完成这些维修工作，无须人类操心。在农业方面，自动化带来的优势更加明显。从播种、灌溉到收割，整个耕种过程都由一套精密的系统来进行控制。这些仪器会结合天气预报和其他分析数据，来判断是否应该浇水以及浇多少，是应该给作物罩上防护罩还是应该打开防护罩让它们接受更多的空气和阳光。

自动化让人类得到了前所未有的解放，使我们能够更加轻松地追求自己想要实现的梦想。我们如今能够坦然地从事音乐或者舞蹈，数学或者写作，都应该感谢那些机器人默默地完成了在过去本应由我们亲自完成的工作。在未来，随着自动化的进一步普及，人类或许能够彻底释放自己的天性，并将所有的精力都投入到思考当中去。到那时，人类和机器将会达成和解，并且携手并进。当机器人与人类之间的界线不再如此明确，能够真正融入我们的生活，我们周围的一切都变成了自动的，那时人类将有足够的时间来做一些更有意义的事。

工业时代不再是机器和烟囱

人类社会发展到现在，已经经历了三次工业革命。工业革命带来了先进的文明，大幅提高了我们的生活水平。但是我们也应该注意到，发展工业的代价是对资源的大量消耗。当时世界使用的主要能源是化石能源，这些能源的过度使用带来的结果是资源枯竭和气候恶化，生态环境也被严重污染了。这些问题不仅阻碍了工业的继续发展，还在很大程度上威胁到了人类的生存。面对这样严峻的形势，我们迫切需要改变工业环境，提升能源的使用效率，改变能源结构，最终使人类回到可持续发展的道路上来。

纵观人类历史，每次生产力的大规模提升，背后必然是利用能源的升级。如今我们想要再次提高生产力，最有必要的就是实行新一轮的能源改革。走在全球最前列的国家都在加紧实施自己的能源改革计划，并且逐渐形成了一个合理配置和高效利用全球能源的互联网。这个互联网建立在一个伟大的构想之上，能够使全世界的资源得以优化配置，并且集中各国的优势力量来开发新的清洁能源替代化石能源。

在这个联通全世界的能源互联网里，占据最主要地位的是电力网络。当前，每个国家都在大规模建设自己的电力网络，并将这些网络连接在一起，形成了规模效应。其中，能够为其他地区提供宝贵经验的是欧洲互联电网。几乎整个欧洲都通过这个电网连接在一起，为电力的输送和互通提供了足够的便利条件。这种能源的互联网，能够使每个国家都充分享受到能源改革带来的福利，为全人类生产力的提高打下了基础。

能源互联网不仅能为联网国家提供更充沛的电能，还可以促进生产力的提升。各个国家在能源互联网中都有各自的角色定位，分别处理相应的事务。能源通过集中分配和处置，带动了很多行业的发展，例如金融、商业和服务业，都能在这个网络中受益。世界经济也会因此受到刺激而再次提升，为全人类带来益处。

除了遍及全球的能源互联网，在解决能源问题上，还有一种思路是使用清洁能源来替代现有的化石能源。争取通过能源的调配和改革，让现在的能源结构发生根本的改变。在未来，清洁能源将是我们使用的主要能源，其中包括风能、潮汐能、太阳能和核能等。而日渐减少的化石能源，可能仅仅起到辅助作用，或作为紧急时刻的储备能源。

目前，各国在清洁能源的开发上都投入了巨大的力量，因此清洁能源的规模发展十分迅速。在法国，全国80%的电力都由核能提供。

风力发电和光伏发电也在飞速发展。如果这些清洁能源的发展势头不减，那么最快到21世纪中叶，我们就能看到能源结构发生翻天覆地的变化。同时，能源改革能带来更多的就业机会，在一定程度上解决社会问题。随着人类更好地利用能源，工业的发展也将进入新的天地。

美国是全球最发达的国家，也是制造业的大本营，因此率先实行了工业改革，提出了制造业的复兴战略。对美国来说，在激烈的全球竞争条件下，实现工业的再次升级是很有必要的。这能让美国进一步稳固全球领先的地位，所以制造业的复兴受到了政府和很多大企业的鼎力支持。美国政府对工业的扶持力度很大，政府制定了一系列政策，帮助企业进行研发和改造，并且为他们提供各种便利条件。

在方兴未艾的新一轮工业革命中，最大的创举就是工业互联网。在未来，我们将可以把各种不同的分工都联合在一起，使之成为一个高效的整体。通过互联网和数据的采集和分析，生产率将大幅提高，从而使工业变得与当今时代完全不同。从某种意义上来说，工业互联网不仅代表着工业的革命，也代表着信息时代的革命。它把工业设备和各种机器与互联网上的信息和通信技术紧密结合，是两者合作产生的结晶。这种理念类似于一种新的理论，这就是工业4.0理论。它们有着类似的目标，那就是把机器和数据有机结合起来，形成一个巨大的网络。这个网络中不仅包含工业，还涵盖了社会生活的方方面面。

最初的工业革命的代表就是蒸汽机。蒸汽机用机器的力量取代了人类的力量，实现了工业生产的机械化。从这时开始，工业和农业才实现了彻底的分离，工业成了一个独立且日渐重要的行业。接下来的改革使驱动力从蒸汽变成了电力，电动机取代了蒸汽机。从这时开始，形成了规模工业，产品能够大量地被生产和制造出来。之后，自动化和计算机的普及运动使工业得到了再次发展，这时的机器不但能够把人类从繁重的体力劳动中解放出来，在很多时候还能代替人类思考。到了这一时期，工厂里能够生产出来的东西已经超出了人们的需要，因此全球范围内都出现了产能过剩的现象。

所谓的工业4.0，就是融合自动化和信息化。在这个时期，全世界的需求都通过信息渠道连接，通过对数据的分析来控制生产。人们只需要相应的软件，就能够实现自己的全部要求。所有的生产环节都受到了精密的控制，在这个时期，机器完全取代了人的工作。不再有产能过剩，也不再有囤积居奇，整个世界都将被改变。

工业4.0理论仍然是一个处于验证中的理论，工业互联网也在做出自己的探索。在工业互联网中，机器和分析软件固然十分重要，编制这些软件和操作机器的人也同样重要。尽管大多数人都把注意力投入到了如何创造更好的软件或者更智能的机器上，但是人们的工作方式没有做出相应的改变，那么这一切都将是空中楼阁。

要想实现工业互联网的大规模链接和运作，就要能够处理这个网络中的各种机器产生的巨大的数据流量。这些数据由机器产生，通过网络传输到各个终端并进行分析。大数据研究在这时将成为重要的工具。这些研究为工业互联网提供信息，用来指导制定相应的策略。这些信息能够在人与人、人与机器甚至机器与机器之间相互传递，让设备学会自我学习，从而进一步提高自身的智能水平。

智能信息最重要的作用就是实现智能决策。做出这样的决策需要在联网的智能设备中获得足够多的信息加以分析，并最终总结成能够带来提升的经验让设备进行学习。如果得到了足够多的经验，那么智能系统将可以取代操作员，自己独立完成决策的过程。因为这个过程是建立在大数据分析的基础上的，所以在很多时候比人类做出误判的可能性要更小，也更加安全。

例如，有些设备产生的关键数据事关生产安全，那么智能系统就会对所有数据进行分析，并确定哪些数据是可以发送到互联网上进行交流的，哪些数据是需要留在设备中的。这些数据的汇总能够提供十分宝贵的经验，不仅能使操作人员对设备更加了解，还能够及时对可能出现的问题进行预判和解决。这样一来，生产线就不会因为一个小小的问题而停工排查了，生产效率将得以提升。

这时我们应该注意到的是，虽然工业互联网代表了未来工业发展的方向，为人类生产力的提高发挥了巨大的作用，但是这个网络中越来越突出的一点是急需建立一个通用的标准，并且要解决网络安全的问题。如果失去了安全的保障，那么越发达的工业水平则预示着更大的风险。因此，安全问题是迫切需要解决的。

工业互联网的发展，使得整个工业流程也随之改变了。在未来，推动工业发展的重要力量就是制造业的越发先进。所谓先进制造，指的就是把一件产品的所有流程——从设计研发到生产制造乃至最终的销售和反馈——都连接在一起，形成一个智能终端工厂。这个工厂能够实现全部生产要素环节的作用，应用最先进的制造技术和材料，制造并销售出最好的产品。

传统的工厂往往只能实现工业流程中的一个或几个功能，如果在未来转变为智能工厂，那么需要进行大规模的改革，这会让一切都变得不同。用一位传统工业从业者的话来说：我们遇到大麻烦了。当然这里的麻烦并不是贬义词，而是改革带来的挑战。如果能够成功进行改革，那么整个生产的过程都将变得更加可视化和智能化，获得更高的生产力。

在传统工业的变革过程中，最需要的除了制造更加智能的设备和建立更广泛的网络之外，最重要的就是培养相应的技术人才。这些新兴的人才将能够操作这些完全不同于以往的智能平台，对网络中的海量数据进行分析，和设备进行直接的交互。因此，工人将不只是我们印象中从事体力劳动或者技术劳动的形象了，他们还要掌握更高的技能。虽然机器和智能设备将取代一些人的工作岗位，但是从长期来说，这样的改变带来的结果是积极的。人类将会掌握更多技巧，提升自身的能力，变得更好。

最后，工业互联网还需要实现智力的互通。全世界有很多顶级的人才，他们过去分散在各个角落，如今可以通过互联网连接起来。如果一个平台能够集中全球的智慧，那么它将产生怎样的丰富创意和奇思妙想，是一件十分值得期待的事情。

人类成为新的造物主

在人类世界中流传的很多神话和宗教故事里，都会提到一个神灵。早先的人类认为，所有生物都是被这个具有莫大威能的神灵创造出来的。虽然在不同的文明中对他做出了不同的描述，但是表达的观点是相似的，这个神灵就是造物主。人类之所以会有关于造物主的传说，是对自身过去的追溯，也是想表达对自然的敬畏。后来，达尔文在经过大量的研究和考察的基础上，提出了进化论学说。进化论现在是我们普遍接受的理论，它认为生物是由早期的简单有机分子经过漫长的岁月进化而来的，人类也不例外。但是现在，有一些科学家正在勤奋地工作，想要通过人工的手段制造出生命。如果这个目标能够实现，人类就将成为真正的造物主。

人类想要制造出新的生命的实验已经进行了相当长的一段时间。据有关专家的估算，乐观地说，在十年内人类就将创造出一种新生物，并能让其维持一定的生存时间。这项研究一直在推进，但是并不像其他高端领域的研究那样广为人知。但是如果取得了进展，将会给整个科学界乃至整个人类世界带来一场强烈的震动。因为这会是一个无比重要的发现，将赢得全世界的关注。这种技术可以从根本上改变生物诞生的方式，所以一旦取得突破，就会带来难以预料的巨大影响。

过去，我们总是能在科幻作品中读到人类创造生命的情节。人类利用各种DNA制造出细胞，甚至组成一个活体生命。但是现在，这种情景不只是存在于幻想中了。人类对于使用人工的生物化学技术来合成生命的探索很早之前就已经开始了。最早的合成生物学诞生于1910年，它的目的是利用人工合成自然界中没有的生物，设计一个全新的生命体。如果说这种愿望在过去可能会被认为是天方夜谭的话，那么现在已经是完全有可能实现的了。如果你想对此有所了解，只需要一台显微镜就能看到这个神奇的过程。如果我们能够制造出细胞，那么就可以在一定程度上解释生命到底是如何诞生的，也将进一步推导出，宇宙中的生命从何而来。人类本身也将成为一种新的角色，从某种意义上来说，人类也成了造物主。

通过人工技术创造出的生命将会为人类带来巨大的好处。例如，我们用它来进行疾病的治疗，或者从事一些有毒物质的处理工作。虽然现在人工生命取得了一定的进展，但是还有几个方面的问题需要解决。首先，这些人造生命需要有一个细胞膜的框架，通过这层细胞膜，该生命能够吸收满足自身生存的物质并排出废物，进行自我增殖。其次，它还需要具有基因系统，从而能够更好地应对外界环境的变化，进化出某些独特的功能。最后，它还需要一个新陈代谢系统，能够把吸收的物质转化为能量供自身消耗。

目前，人类已经在制造人工细胞膜方面取得了很大的进展。科学家们正在尝试使用脂肪酸作为基本原料制造细胞膜。如果细胞膜被制造出来，就能够向里面加注核酸物质。这种物质具有遗传表达的特质，能够实现遗传和进化。这样一来，我们将在实验室里看到达尔文所描述的整个进化过程。因为我们现在拥有的技术还不足以把一个细胞制造得十分完美，但是通过进化的筛选，那些不足的细胞将会被淘汰，留下的将是能够适应环境的细胞。

人工制造出来的生命需要实现细胞的增殖和传代。这个细胞的所有结构都要是人类合成的，无论是细胞器还是内部的物质，为了实现这一点，科学家们对很多生物的细胞进行了研究，并通过人工的方式合成。在分别制造出细胞的各个组成结构之后，再把它们组合在一起，形成一个完整的人工细胞。还有科学家使用了另一种手段，那就是把人工合成的信息编译到一个自然存在的细胞内，通过它的分裂和传代，人工的遗传信息将会逐渐甚至完全取代天然信息，此时的生命体具有人工设定的基因编码，因此从遗传学的角度上来讲，也可以称之为人造生命。

在2002年，科学家们成功合成了脊髓灰质炎病毒的基因组，这是人类首次人工制造出一个基因组。该基因组并不复杂，其中只包含7500个碱基对。病毒的结构不具备完整的细胞特性，并且无法依靠自身进行复制和增殖，因此还谈不上是生命。但是我们通过对它进行研究，获得了很多理论基础，为下一步的探索累积了宝贵经验。接下来，利用这一原理，科学家们又先后合成了一些病毒和支原体基因组，取得了很多实验的相关数据。到了2010年，辛西娅诞生了。这个基因组是人类创造的第一个真正意义上的、具有细胞结构的生命体基因组。

但是这一创举也引发了一些人的担心。有人认为，虽然我们之前也开展过一些探索，例如对生物进行解剖以研究内部的构造，或者是把一种植物的基因转移到另一种植物身上，形成转基因作物并提高产量，其本质上都是对现有生命的再研究。但是人造生命则完全不同。它是通过对细胞层面的设计，来从零开始构建一个生物系统，最终产生一个新生命。换言之，这种研究的产物是地球上原本不存在的。那么该怎么定义这种生物呢？它如何归属呢？这必将引发巨大的伦理讨论和随之产生的阻力。

辛西娅出现没多久，美国的生物研究组织就对公众进行了一次问卷调查。其中，超过60%的受访者认为，应该继续开展人工合成生命的研究，这件事从长期来看对全人类是有益的。但是还有接近30%的受访者认为，这种研究可能会造成人类无法预料甚至无法掌控的后果，因此应该立即被禁止，直到人类有能力对他创造出来的生命加以控制时，再做进一步的研究。其中还有大概1/4的受访者担心，这种技术可能会被恐怖主义分子拿来制造生物武器。

两年之后，又有一个环保组织发布了一份报告。这份报告把合成生物学批驳得体无完肤，认为这一学科不是单纯的遗传学，而是在极端的道路上越走越远。因为以现在的手段无法保证对该学科进行足够的监督，所以这份报告的发起者恳请美国政府出台法律，禁止这种对人类的基因组和其他生命形式的基因组进行研究的活动。同时他们还要求，对已经合成的生命物质，要说明它们的性质和组成部分，确保人类社会的安全能够不受这些合成生命的影响。他们说，在政府做出回应和相关的法律法规被制定出来之前，所有对人工合成生命的研究都应该立即停止。

但是生物学家们认为，这份危言耸听的报告里充满了臆测和假设，甚至说它是荒谬可笑的也毫不过分。报告里的内容完全丧失了客观和公正，只是凭借一厢情愿的猜测来制造恐慌。从这一点上来说，它无法给制定政策和法律的人提供帮助，也不会让大众对人造生命有任何深入的了解。虽然目前在这一领域的监管措施确实有些不够完善，但是从本质上来说，现在进行的研究都是传统研究的一种新形式上的延伸。也就是说，在过去的研究中需要注意的事情和采用的保护措施，现在仍然没有过时。

在辛西娅诞生之初，美国总统奥巴马召集了全国的生物学家组成伦理委员会，负责审查和评估新兴的合成生物学。在经过了细致的调查之后，该委员会提交了一份报告，认为无须再制定新的法规来约束合成生物学科。不出所料，环保组织照旧对这份报道提出了抗议。生物伦理委员会的专家表示，合成生物学依然是一个尖端的学科，有很多新的发现和研究成果。作为监管组织，他们会进一步监督该学科的合理性和道德性。其他组织当然也是受欢迎的，他们欢迎各种不同的观点。

美国政府对合成生物学十分有兴趣。美国国防部的一个下属机构热切盼望能够通过合成生物学来发展新的材料科学，使他们能够生产出结合很多先进材料的特性于一身的新材料。但是他们除了对研究本身表现出了热情，在监管方面却没有投入相应的努力。负责监督的生物伦理委员会对政府提出了若干建议，但是很长时间过去了，这些建议都没有被付诸实施。环境保护组织又开始对美国政府提出建议，不知道是否能够促使政府积极面对合成生物学的监管。但是科学家们表示，他们的研究是建立在为人类谋求更大福祉的愿景上的，而绝不是想制造出一种怪物来毁灭地球。

到现在为止，人类能够合成的最复杂的基因组就是酵母的基因组。和前面提到的脊髓灰质炎病毒相比，酵母基因组更加复杂，它拥有1200万个碱基对。科学家们为了合成这个基因组，耗费了5年时间，取得了宝贵的经验。与之相比，人类基因组中包含的碱基对高达30亿个，因此要想合成人类基因组，在短时间内仍然是一件不可能完成的任务。

人类通过人工方式合成的基因组是否能够和天然的生命一样进行繁殖呢？这一切都有待验证，辛西娅被创造出来的目的和价值就在于此。科学家发现，虽然这些基因组是人工合成的，但是它能像天然细胞那样完成自己的工作。这些都为下一步研究更加复杂的生命提供了宝贵的经验。

人类已经能够制造出简单的基因生命体，这从某种意义上来说，已经跨越了亿万年的时光，实现了原核生物到真核生物的转变。在这之后，还有多细胞生物和更加复杂的生命形式等待人类的继续探索。组成生命的细胞越多，细胞的增殖和换代就越复杂。人类想要制造出更为高级的生命，就要面对更大的挑战。或许有一天，人类将成为传说中的造物主，而到了那时，人类自己也将成为神话之一。

人工智能是什么

作为人类区别于动物的最显著特征之一，人类的智能在整个自然界中都是独一无二的。但是，究竟该怎样描述智能的本质，目前还没有一个统一的定论。人类的智能包括使用语言、具有思维和逻辑、判断空间和事物以及运动和交流，等等。通常来说，人类的智能至少包括理解、分析和解决问题的能力。既然无法准确定义人类的智能，那么人工智能的定义也只能宽泛一些。

被誉为人工智能之父的阿兰•图灵认为，一部机器是否是智能的，取决于它是否能够做出智能的行为。因此早期人工智能的定义是：人工智能就是让计算机来做在过去只有人类能做的工作。也就是说，人工智能研究的对象仅仅是计算机系统。当时的科学家们认为，只要在计算机系统上投入一些精力，就能够在人工智能方面取得长足的进展，但是事实上，实现这一点并不容易。

起初，科学家们的研究方向是让计算机处理一些对于人类来说十分复杂的问题，比如国际象棋。于是IBM造出了“深蓝”机器人，并且战胜了人类国际象棋大师卡斯帕罗夫。但是最终人们意识到，这个机器人与人工智能毫无关系。它之所以能够战胜人类，完全是因为它的运算速度比人类强大太多。它只能机械地得出经过大量计算的结果，却无法像人类一样通观整个棋局并做出判断。也就是说，这个机器人表现得更像一个大号的计算器，但是它一点都不理解国际象棋，也完全不懂得思考。

人工智能在诸多领域能够胜任的工作都是固定的，是被专门设计成为这一领域服务的。这些智能系统依靠内部的程序做出反应，具有一定的学习能力，但是仍然不具备太大的灵活性，从某种意义上来说，它们对外界事物的总体判断还不如一个3岁的人类孩子。所以到现在为止，一些需要大量思考才能胜任的领域，都没有出现合格的人工智能系统。

同时，人工智能擅长的是大量的计算。虽然它们不懂得综合分析，但是超强的计算能力能够让它们在很多领域做得比人类更好。比如在精密加工领域，只要输入程序，机器人就可以毫无差错地完成每一个细节，但是对于人类来说，始终保持稳定是一件相当困难的事情。但是另外一些对人类来说几乎不需要思考就能完成的工作，例如打扫房间，对于机器人来说则要困难很多。因为这个过程涉及很多力学和环境因素，所以一部好的扫地机器人非常难得。机器人更适合用来计算从地球到火星需要的时间和轨道，而不是清理房间。

人工智能的发展并不是一帆风顺的。在20世纪70年代中期，人工智能的研究遭遇了第一次低潮期。因为很多研究课题都迟迟无法取得突破，很多人工智能项目被削减或者缺少资金支持，而且备受质疑。这一时期，人工智能被人们冷落了。到了20世纪90年代，第二个低潮期又出现了。除了一些特定的领域之外，在其他方面，人工智能的研究毫无进展。新的项目缺乏资金投入，对于投资者来说，人工智能已经不再具有吸引力。

进入了21世纪，人工智能再次成为整个科技界关注的焦点。新兴的互联网巨擘对此十分热衷，纷纷成立实验室，或收购人工智能领域的顶尖公司，这带动人工智能进入了一个新的高潮期。新的研究方向也出现了，这些新系统更懂得如何向人类学习。互联网的推动，让人工智能为人类社会提供了很多之前没有过的新服务，如语音服务、云服务和虚拟现实，等等。这些新东西正以前所未有的速度通过互联网传递到全球的各个角落，惠及那里的人们。

我们的生活中也越来越多地依靠人工智能，尽管我们自己可能并不清楚。举例来说，人工智能可以为你的一切交易提供帮助，从起始端的银行服务，到终端的收付款服务都是自动的，并且随时帮助你管理账户，或者拒绝一些可疑的交易请求，以避免你遭遇风险。在平时的生活中，你可能早已习惯了利用谷歌来搜索你需要找到的一切答案。但是你不知道的是，这套搜索引擎几乎可以称作人类目前最为庞大的人工智能系统，它拥有数量众多的服务器和配套的检索系统，并且应用不断更新的数据来继续学习。

同时，我们生活中需要使用的一切几乎都是由机器制造出来的，操作机器的也不再只是人类，而是越来越多的机器人。我们身边也有机器人，比如前面提到的扫地机器人，还有自动取款机，虽然看起来只是一个方盒子。它们中间还包括一些航空器、水下探测器，甚至是出现在战场上的无人排爆车。有时候，人们并不认为这些东西是机器人，因为它们除了是自动化的，长相上跟人类毫无相似之处，所以可以叫它们机器、智能机器、全自动信息处理器等，但是不能叫作机器“人”。人们这种固化的思维定式已经存在了相当长时间，并且仍将继续存在下去。

但是，想要把机器人做成和人一样的形态，并且让它们能够模拟人类的活动，是一件十分复杂的事情，因为人体本身就足够复杂。所以，能够发挥最大作用的机器“人”，往往都是长相奇特的机械装置。它们有的是机械臂，有的是数控机床，还有的是能智能行动的移动货架管理员。它们都发挥了相当大的作用，除了长得不像人之外。在每一个汽车制造工厂的流水线上，都分布着许多这样的机器人，它们取代人类进行繁重或精密的劳动，永远没有怨言，并且几乎不会出错。在制造行业，机器人占据着不可或缺的地位。

现在，一些致力于研究类生物机器人的公司有很多，其中的顶尖公司取得了令人惊叹的研究成果。它们制造出了像狗一样的四足机器人，能够在各种地形条件下健步如飞，并且十分稳定，不会摔倒。这样的机器人能够很好地胜任运输工作，尤其在某些人类难以到达的地方。长得像人一样的机器人也被制造了出来，不过实际上，这些机器人更像是僵尸。它们的关节不够灵活，行动也十分笨拙，而且容易摔倒。不过好消息是，活动更加自如的机器人也已经被陆续制造出来，一些难关已经被相继攻克。不久之后，可能那些在过去只存在于人们想象中的机器人，就会真正出现在眼前了。

制造这些机器人的困难主要体现在硬件与软件研发的脱节。某些特定领域的机器人在硬件上能够实现很大的突破，能够完成很多不可思议的任务，但是离开了实验室环境之后，就会变成一堆废铁。计算机芯片的计算速度不断地成倍增长，根据摩尔定律，每18个月，计算速度就提高一倍。因为不断地迭代发展，所以电子元件的价格也不断变低。但是与此同时，用来驱动机器人的机械装置的发展速度却十分缓慢。机器人使用的马达和液压泵等关键部件，和很多年前所使用的并没有什么本质上的不同，这一点成了机器人技术继续向前发展的“瓶颈”。

我们所处的时代，似乎已经离不开智能系统。如果说，在过去的40年时间里，个人计算机和互联网对人类社会造成了极其深远的影响，那么在未来，人工智能对人类产生的影响和引发的改变要更加深刻。尽管也有一些不同的声音，目前的人工智能被严重高估和夸大了。从过去的经验来看，每隔一段时间，人工智能的发展就会遭遇低潮期和瓶颈期。很多夸夸其谈的项目和信誓旦旦将要实现的目标，在经过一段时间之后，总会被证实是虚无缥缈的，是无法得到有效验证的。

虽然人工智能的发展仍然受到质疑，但是总的发展趋势仍然是大踏步向前的。因为有了众多大型互联网公司的加入，人工智能的研究取得了很多在过去难以想象的成果和进步。因为这些公司毫不吝惜对这方面研究的投入，所以人工智能领域的资金前所未有的宽裕。同时，由于各家公司都想在这股大潮中站在潮头，因此在诸多热门研究领域展开了激烈的竞争。与此同时，在国家层面，人工智能带来的帮助也是不容忽视的。

毫无疑问，为了进一步解放人类，人工智能的发展是十分必要的。但是随着计算机学习能力的不断增强，有人认为人工智能在经过一段时间之后，可能会脱离人类的控制。这种质疑的声音从人工智能诞生的那一天起就一直没有停歇过，随着人工智能的不断发展，这种声音也越来越大。有人认为，迟早有一天，会发生一些由人工智能操纵的对人类不利的事件。

目前我们能够接触到的人工智能，仍然无法与人类相比，但是如果有一天，人工智能的研究取得了重大突破，最终能够达到或者超过人类的水平，那么带来的结果可能就不仅仅只是一台强大的计算机系统而已了。这个系统如果拥有足以与人类匹敌的智力，那么就能继续学习，甚至摆脱人类为它设计的软件，而自己进行修改甚至重写。到那时，它就可能真正掌控了自己的命运，会进一步向前更新换代。因为它超强的运算能力，所以它进化的速度甚至可能超过人类。它在经过若干代发展之后，会变成比人类聪明和强大太多的终极机器，那么它会如何选择呢？它会成为人类的威胁吗？人类的未来，是因它开始不断变得更加美好，还是因它而毁灭呢？这是一个问题。

它会成为人类的终结者吗

人工智能已经得到了长足的发展。对于人类社会，人工智能的影响越来越大。人类凭借自己的智慧取得了无数辉煌的成果，让人类得以站上这个蓝色星球的顶峰，并且正在向宇宙空间进行探索。有了人工智能的帮助，人类的智慧成果可能会更为可观，甚至我们都无法预料将会有怎样惊人的成果出现。凭借这些人工智能带来的巨大转变，我们可能在未来的某一天不再惧怕疾病或者贫困，这一点足以证明人工智能的巨大潜力。

虽然目前的人工智能还处于发展之中，但是科学家们相信，总有一天，会出现足以和人类并驾齐驱的人工智能。根据乐观程度（当然也可以说是悲观程度）的不同，这一时间点的来临分别为21世纪的前30年、21世纪中叶以及22世纪初。虽然时间略有不同，但是放在整个人类科技发展史的尺度上来看，它们之间的差距并不大。而且更重要的是，人们普遍认为这件事将会发生，只是时间早晚的问题。

科学家们当下研究的方向主要集中于弱人工智能领域，目的是更为便捷地解决生活中的问题。智能水平能够与人类相媲美的则是强人工智能，它懂得学习，会利用数据不断自我修正，进而实现进化。得益于这种学习和进化，强人工智能在很大概率上将成为有史以来最聪明的东西，比人类要聪明数十万倍，而不仅仅是人类制造出来的一台只会进行大规模运算的计算机。最终，当这种人工智能出现的时候，它将成为人类将要面临的最重要和亟待解决的问题。那就是，它究竟会成为人类梦想家园的创造者还是毁灭者？

曾经有一位科幻小说作家给人工智能提出了三条定律，只有满足这些定律的机器人，才是一个合格的机器人。这三条定律包括：永远不能伤害人类，当人类受到伤害时要给予帮助。机器人要服从人类的指令，除非第一条定律遭到破坏。在保证遵守第一条和第二条定律的基础上，机器人要保护好自己。这三条定律充满了人类的自大和控制欲，但是在很多人看来，这是十分必要的，是人类在创造机器人时就必须强制加以规定的。

很早以前就有科学家在担心这个问题了，虽然有人认为这是杞人忧天，但是仍然有很多人对此抱有深深的恐惧。基于目前人工智能的发展水平，一些乐观的科学家认为，对强人工智能的研究在未来的数十年之内都不会开始，因为在人工智能领域还有相当多的壁垒需要突破，而且根据我们前文所述，这一领域的研究经常会出现低潮期。有科学家警告说，下一次低潮期即将出现，到那时，所有研究都将陷入低谷，而下一个高潮则不会很快出现。

当然，还有人认为，人工智能可能是人类创造出的一个恶魔，迟早会脱离人类的掌控，甚至成为全人类最大的威胁。早在20世纪80年代，电影《终结者》中就塑造了一个邪恶的机器人——也就是人工智能的一种表现形式，它非常强大，让我们可爱的男主角十分狼狈。虽然电影之类的艺术作品为了保证吸引眼球，需要进行一定程度的夸大，但是这也反映了一种心态，那就是人工智能并不能被人类完全掌控，而是会回过头来伤害人类。

很多著名的科学家对人工智能持谨慎态度，其中就包括物理学家史蒂芬•霍金。他经常提醒我们要注意人工智能的威胁，警惕它们可能带来的一系列副作用。和他有同样想法的是硅谷著名的创业者和偏执狂埃隆•马斯克，他和前者一道呼吁人们对人工智能要多加提防，同时又出资赞助地外生命的搜寻计划。老实说，和发展人工智能相比，我认为寻找地外生命要危险得多。当然，这些人都是人类精英的代表，他们本身就具有强大的头脑和智慧，所以对这种智慧能够带来的好处和坏处具有比大多数人更清晰的认识。那么，人工智能真的有那么可怕吗？

当人工智能帮助我们解决生活和工作中的各种问题的时候，它们显然是对人类有利的。它们可以处理很多对于人类来说十分棘手或者难以解决的问题，比如深入恶劣的环境，或者进行精确的操作，还可以不知疲倦地连续工作很长时间。但是当人工智能发展到一定程度，越来越深入人类的生活，此时就会出现一些伦理问题。人类越来越依赖人工智能，导致自己的隐私暴露无遗。那么，通过人工智能获得的信息是否能够成为人类社会中的证据呢？这需要人类在建立一个有人工智能深度参与的社会之初就建立完备的规则。

我们如今的生活已经被人工智能深入渗透了，整个社会的方方面面都有人工智能的影子。从日常的通信到出行，从消费到社交，到处都是人工智能的入口。可以想见，人工智能取得了长足发展之后，我们将会身处人工智能的包围中，甚至难以分辨眼前站着的究竟是一个活生生的人，还是具有人类脸庞和人类仪态的机器人。但是，人类的希望也正在于此。机器人通过学习可以模拟人类的一切活动，但是无法模拟——严谨地说是几乎无法模拟——人类的情感。人类本身具有丰富的情感，这些情感的表达是建立在一系列即时的思考和判断的基础上的，这个过程是如此复杂，以至于人类自己都不甚了解。机器人可以被设计成会哭和会笑，但是面对一个环境做出如实的反应，仍然是十分困难的。比如，机器人可能会发出悲伤的哭声，但是它不会懂得在何时该怎样流眼泪。

人类在绝大多数时间都能够控制自己的思考过程和情感，这是人类和自然界的其他生物，以及人工智能之间的主要区别。一个机器人或许很难理解人类之间的一个默契的眼神，或者嘴角上扬代表什么意思，即使经过很多学习也很难理解。所以即便是机器人懂得驾驶汽车，能够读书看报，能够和人交谈，甚至是做出可爱、高兴或难过、悲伤的表情，它们也不会懂得这些表情背后的意义，这些只是人类在为它们编写程序时设置好了的。

人类懂得思考，并且具有自我认知的能力。即人类会知道自己是一个人类个体，但是机器人却不会知道自己是一个机器人。可是如果有一天，人工智能发展到一定程度时出现了自我意识，认识到自己的身份，并且发现自己正在被人类掌控，它是否还会愿意听从人类的命令呢？这一切都在于人类自身是如何想的，以及最终是如何做的。我们既可以让人工智能一直作为人类的好帮手，为我们解决问题，也可以将它们变成人类的毁灭者。有一天，人工智能可能会变得像电影里那样无所不在。这里的无所不在并不是指当今社会中的各种智能设备，而是一切都在人工智能的掌控之下。即便到了这个阶段，人类仍然应该是人工智能的掌控者。所以研究人工智能的人都应该有充分清醒的认识，那就是人工智能本身是为人类服务的。

还应该注意的一些问题是，人工智能的发展，是否会造成人类本身智能的退化？人类如果习惯于人工智能的帮助，而不愿意自己思考，那么人工智能不断强大，而人类不断退化，此消彼长，人类将不再具有智慧上的优势，到那时人工智能将会居于统治地位。另外，机器人虽然解放了人类的双手，但是如果机器人占据了大量的劳动岗位，势必就有相应数量的人类将会失业。这些人是否会成为社会动荡的根源，还需要时间的验证。人类在情感上也可能对人工智能的依赖越来越强。由于性别失衡和一些其他的社会问题的发展，未来可能出现人和机器人结合的情况。这固然能够在一定程度上缓解人口不断增长带来的巨大压力，但是也会带来新生人口不足导致的人类总数减少的问题。这些问题必须现在就引起人们的思考。

除了表达机器人可能对人类世界造成的直接破坏之外，一些艺术作品还从另外的角度表达了担心。当科技发展到一定程度的时候，人可能制造出一个与自己看起来完全相同的机器人，来代替自己做绝大部分事情。譬如工作、家务，甚至做爱。这些本该人类亲自完成的事情由人工智能代劳，而人类对这种场景十分习惯。这就是人工智能对人类世界的一种深层的破坏。它们能够在大部分时候代替人类，但是却不具有任何创造性，这是人类的悲哀。

人工智能是人类创造出来的，是人类智慧的结晶。这些科技发展的产物已经给人类带来了很多好处。我们无法停下人工智能发展的脚步，否则就会使人类的生活大踏步地后退。既然发展无法避免，我们就应该从一开始就制定好规则，将人工智能始终置于一个可控的范围内，让它的发展过程符合人类的预期。同时，我们从现在就要开始思考一切可能存在和即将发生的问题，并且思考解决问题的途径。其中一个好的途径就是建立完善的法律。法律是人类的伟大发明，能够对人类本身做出一系列约束，没有法律就没有当今健全的人类社会。同理，法律也应该同样适用于人工智能。人类应该一开始就对人工智能做出最基本的约束，那就是无论何时都不能伤害人类的利益。在人工智能相关的领域，也需要制定规则和法律，让人工智能在安全的情况下被制造或者复制。人类在研究和制造的过程中，需要严格遵守一系列规定，以避免造成难以预料的后果。

还有一种可能性，那就是人工智能领域的研究会带来一场新的军备竞赛。当人工智能发展到一定阶段时，会带来军事领域的巨大优势。如果某一个国家拥有这种优势，其他国家势必也会开始疯狂地追逐，就像冷战时发生的那样。如果真的出现这种情况，那么会带来很多不确定性因素。一种不确定是具有优势的国家是否会引领世界走向战争，并且这种战争的激烈程度足以毁灭人类文明。另一种不确定是在军事竞赛的过程中，是否会诞生超出人类掌握的科技产物，比如具有强大智能的战争机器，这些机器同样会毁灭人类文明，并且更加不受控制。

那么，人工智能发展的拐点究竟何时能够到来？有人认为，会有一个和宇宙爆炸的奇点类似的事件来引发一个时代，这一说法有很多拥趸。当然，也有很多人认为，这不过是一种幻想罢了，和科幻作品没有本质的区别。你无法凭空想象一个未来，并且真正拥有它。唯一可能的是，未来终究会到来，而做出预言的人到那时已经不存在了。当然，很多人乐意预言，并且通常以20年作为预测的时间跨度。有人分析说，为什么这样的时间跨度十分盛行呢？是因为这样做更加保险。一些目前尚未大规模推广的技术，在未来的5年内可能会逐渐扩大应用规模，而一项新技术能够在15年内彻底地改变世界，二者相加就是20年左右。还有一种可能是，这些预言家的职业寿命通常不会长于20年，所以他们可以放心大胆地进行假设，而有一天落空时，他们已经不知道身在何处了。

没有人生来就懂得做坏事，人工智能也是一样的。但是，一个强大的人工智能懂得自我学习，所以最后能够发生怎样的改变，也靠我们自己。有可能一个原本善良的机器人在学习到很多人类的陋习之后，逐渐变得邪恶，最终变成一个危害人类的“坏”机器人。也有可能一个机器人原本被极个别的人输入罪恶的指令，但是开机后通过向更好的人类不断学习之后，懂得自我删除那条指令，变为一个“好”机器人。所以，作为人工智能学习的对象，以及人工智能诞生之时的世界的创造者，人类自身理应变得更好。人工智能的好与坏，完全取决于我们。

人工智能一定会向前发展，人类的未来可能因之而变得十分美好，也可能因之堕入地狱，也可能在两者之间的灰色地带，带给人类另一种无法预言的生活。如果我们能够不再担心人工智能的发展，不再惧怕人工智能的威胁，那将是一个最好的结果。毕竟，即便是在宣扬机器人威胁的电影《终结者》里，邪恶的机器人最终也被毁灭了，而人类仍然拥有一个忠实的机器人朋友。

第二章

人类社会新的进程

人类的血液中流淌的是永远向前进取的动力、对一切事物的好奇心，以及无与伦比的创造力。这些元素共同使人类进化成为这个星球上唯一的智慧生物，并将在未来长期统治地球。

人类社会是怎样组成的

当今的人类社会由很多方面组成。首先是职业，人类在社会中各司其职，扮演不同的社会角色，共同为全人类的发展贡献力量。另外，从政治和地域角度上来说，人类社会又由若干国家组成。这些国家彼此之间存在合作和竞争，并且会时常出现冲突和矛盾，甚至发生战争。在20世纪发生了两次世界规模的大战，造成了全人类的灾难。因此，我们对于协调一致的渴望大于对追求其他利益的渴望。那么随着人类社会的不断发展，未来的社会将由哪些方面构成呢？也就是说，未来的人类社会将会呈现出一种怎样的景象呢？我们可以通过对历史的总结和对当今时代的观察，为未来社会初步勾勒出一个大概的形状，但是无法确知其中的细节。因为对未来任何细节的描述，都不免会陷入空想。

人类永远不会停下向前追求的脚步，因此人类仍然会不断探索一种终极的理想社会模式。与自然界中的其他动物的根本区别在于，人类总会有梦想，并且会经过努力来实现它。而动物不会想这么多，它们要把更多的精力放在如何填饱肚子上。也可以这样说，动物生活的世界中除了生存没有其他意义，而人类的世界里除了现实意义，还存在理想意义。人类通过创造出各种符号来表达自己，并探索世界，文字就是人类的若干发明中最重要的一个。人类为了更好地生存和发展，就需要摸索如何建立更好的社会。这是一种基于现实和理想的双重需求，因此未来将会成为人类最主要的动力。

在未来的理想社会里，冲突将会逐渐减少，直至消失。人类社会在过去乃至现在，矛盾和冲突都一直在发生着。其中既有人和自然之间的冲突，也有人与人之间的冲突。当今社会存在的资源问题和环境问题，就代表着人和自然之间存在的冲突。人类如果想在自然界当中继续生活，从长远来看，就势必需要解决和自然的冲突。实现这一点不但能够让人类获取更多的好处，也能够让自然得以持续发展。但是不可忽视的现实是，人类曾经成功地改造了自然，因此对自己的智慧和能力变得盲目自信，甚至认为自己已经成了自然的绝对控制者。这让人类在变得傲慢的同时，也尝到了自然带来的恶果，并且使人类开始了反思。现在，人类更加注重可持续发展，但是在对已经遭受破坏的自然进行还原和更好利用的道路上，我们还有很多工作要做。

人类社会中还经常出现人与人之间的冲突，为了以全社会大多数人的意愿来解决这种冲突，人类因此制定了法律。法律是道德的底线，超出了这个底线，就将受到惩罚。但是在未来，以法律形式解决冲突的时代将会成为历史。随着人类个体素质的不断提高和整个社会道德水准的上升，未来的人类社会将以道德手段作为主要的调节方式。法律总是存在漏洞的，因为制定法律的恰恰是人类自身。但是道德则不会出现类似的尴尬局面，因为它来自人的自觉，是每个人心中天然存在的。这种调节方式不但能大幅降低社会成本，也使人能够发挥自己的主观意愿来解决问题。未来的人类已经无须外部的力量来进行强制性的约束，而会通过高度的自觉来调节自己。

当前人类社会的政治格局呈现出的是一种类似金字塔的结构。整个社会中，掌握着最大权力的通常是很少的一部分人，而占人口绝大多数的人都处于社会底层。未来这种局面很可能发生变化，也就是说，权力的分布越来越平等。未来可能出现的一种政治结构是网络型的，也就是说，互联互通，彼此制约和平衡，没有处于权力强势的一方，相应地也就没有弱势的一方。同时，随着科技变得越来越发达，信息的交流也将加快，整个网络的沟通和运转都将呈现出很高的效率。和传统的政治结构相比，这种出现在未来的结构将让社会变得平衡和稳定，让每个人类个体都更加自由。同时，这种结构因为权力的分布十分平均，因此当面对环境的变化和形势的改变时，具有更强的耐压性。如果我们想从当今阶段逐渐过渡到网络型社会，首先需要社会成员的素质不断提高，对待事物更加理性。同时还需要科技水平的进一步提高，为信息交换提供更好的平台和更高的效率。

人类社会的经济形态已经发生了多次改变，从原始经济到农业经济，一直发展到现在的信息和知识经济时代。在未来社会，经济形态将再次发生进化，全球的经济体都将成为一个协调统一的经济体，这就是大一统经济。这种经济将具有很高的流动性，也就是说，所有的商品和价值都在高速流通。流通带来的就是经济差异的不断缩小，直到最后完全消失。在这种经济社会里，每个人的欲望都能得到满足。并且这个时候的人类不会再追求不切实际的欲望，而是把对欲望的追求降至最低，只需要满足个人的基本需求即可。商品的生产和分配与消费者的需求呈现出对称和平衡的关系。在这个时期，垄断行业将会消失，没有人具有凌驾于他人之上的支配经济的权力。财富也将被更加公平合理地分配，不再存在贫富差距过大的情况。在这个系统中，所有的职责部门都处在应在的位置上，做应做的事，一切都健康有序。社会分工将从现在的封闭转向开放，而且变得更加精细。在这些因素共同作用下，经济将呈现出前所未有的稳定形势，因而能够形成大一统的经济。

在未来，可能不再存在私有财产这个概念了。当然，这并不是人类又要回到原始社会，把全部财产都变成公有的。可能存在的形式是公有财产和私有财产相结合的新的财产分配形式。这种形式既能杜绝私有财产的分配不均，也能阻止公有财产带来的滞后和腐败。两种形式彼此相互制衡和约束，让财产处于全社会的监督之中。这种财产分配方式和政治结构类似，也将呈现出一种网络状的形式。

未来社会中，国家可能将不再作为政治、经济和军事的独立主体存在，而是形成一个遍布全世界的统一体。所有国家的军队将不再只为了保卫自己的国家而存在，而是统一服从全球的调度。他们将开始更多地面向人类和地球之外的世界，为了全人类的安全和独立履行自己的职责。

国家之间和人类个体之间，竞争仍然存在，但是同时也将进行合作。或者说，合作是一种主要的形式，但是为了向前发展，一定程度上的竞争是很有必要的。人们会孜孜不倦地追求新知识，这种追求就将以竞争的形式来表现。同时，社会中的各个组成部分会紧密地联系在一起，形成一个能够随时应对各种变化的整体。信息在这个整体中传播的效率极高，所以全社会都处于一种十分敏感的状态之下。同时，社会中存在一种自发的相互制约的氛围，如果有人有了某种将会对整个社会产生不利影响的念头，那么这种念头将不会有付诸实施的机会，而会被迅速发现并加以遏止。

人类目前已经具备了很高的科技水平，而且将会不断加以提高。我们需要注意的是，虽然人类能够制造很多具有强大能力的机械，或者能够开发功能强大的软件，但是在保障它们的安全运行方面，仍然有很长的路要走。因此在未来社会中，人类将会更加谨慎地创造新的技术，人类不能让自己创造出来的技术最终被用来加害人类本身。因此，在建立足够强大和完善的安全保障体系之前，对新技术的开发和应用需要受到谨慎的控制。虽然我们不愿意承认，但是社会面临的风险是与社会拥有的技术水平呈正相关的。过去的很多经验和教训都能让我们知道，技术的开发永远应当让位于人类自身的安全。

未来的人类社会中，一定会出现更加发达的教育系统。人类之所以能够发展到今天的程度，全靠知识的普及。所以在未来，全社会都将出现一种渴望知识和热爱学习的气氛。全民终身教育将不再是想象，而是将成为现实。人类的精神世界也将发生变化。文化将呈现出一种兼容并包的局面，多元化的文化态势将会出现。因为人类的思想是如此丰富，各种学术和理论都将大量产生，彼此不同又相互补充。但是与此同时，人类社会将会凝结出一种为所有人都共同理解并赞同的思想，这是全人类智慧的结晶，代表着人类知识的最高水平。

当今社会中一些无法消灭的现象，在未来也将仍然存在。例如，人与人之间的性别差异，在科学进化到一定水平之前，将长期无法得到改变。但是权利的不平等将会消失，财富的不平等也将通过前述的财富分配手段加以解决。虽然从本质上来说，完全消除这些不平等是几乎不可能的事情，但是在未来社会中，所有的不平等现象都将降至最低。

在未来，每个人都可以在社会中淋漓尽致地体现出他自己的价值。全社会的主要目的，不再是竞争和冲突，而是每个人的发展。人类将重新回归对自身的关注，同时还会和自然达成和解，让周围的环境更加适合人类的繁衍生息。

这一切都存在于我们的假设之中。人类社会发展到今天，一直都是自身追求和现实之间妥协的产物。在未来，我们要更加积极地面对自然，也将更加积极地面对自身。人类会怎样建设未来的新生活，在很大程度上都取决于人类自己，取决于人类想在历史的进程中扮演什么样的角色。所以我们要认真思考当下的生活，做出最合理的选择，这样才能够建立一个理想中的未来世界。

个体在社会中有怎样的价值

人类社会是由很多不同部分组成的，组成这些部分的就是每一个人类个体。个体在很多时候都显得很渺小，但是也会具有强大的能量，甚至足以改变整个人类世界。人类个体除了具有自我价值之外，是无法独立地存在于这个社会中的。他还要和社会的其他部分打交道，并成为社会的一分子。那么在人类社会中，人类个体究竟存在怎样的价值呢？

狮子是草原上的霸主，通常来说它们都过着群居的生活，一个群落中有一头担任首领的雄狮、若干雌狮以及未成年的幼狮。成年的雄狮会被逐出狮群，所以会偶尔落单。除此之外，狮子都是生活在一起的。它们无论是捕猎还是进食，都要集体行动。但是作为另一种大型猫科动物，生活在森林里的老虎则和狮子完全不同。它们都是独行侠，每一片领地中只能存在一只老虎。如果两只老虎不小心碰上了，那么多半不会有友好的寒暄，而是会发生一场战争。

无论是从体形上来看，还是从对其他动物的捕猎能力上来看，狮子和老虎都算得上是各自生存环境中的顶级猎食者，但是为什么会存在这样的区别呢？换句话说，为什么老虎会选择独居，而同样强大的狮子却选择群居呢？对这种情况应当加以具体分析。

老虎生存的领地通常是在森林里。森林中的生态环境更加复杂，生物的种类很多，因此对老虎来说，食物非常充沛。而且在森林中因为有树木的遮挡，因而更加容易隐蔽。同时，和老虎处于同样地位的掠食者几乎不存在。几种因素的共同作用，使老虎捕猎其他动物的成功率更高，消耗的体力也相对较低。这样一来，老虎虽然独居却也能在森林里惬意地生活下去。

但是草原上的情形就有所不同了。虽然狮子凭借自己的力量和体形，在地面的掠食者中占据有利地位，但是它的竞争者有很多。无论是猎豹还是鬣狗，都能对它的统治地位造成威胁。同时，因为草原上的动物都是随着食物进行迁徙的，所以狮子们经常会面对食物不足的情况。而且它们的猎物有时候也不会束手就擒，比如拥有一双巨大的角和恐怖冲击力的非洲水牛，如果发起狂来，能够轻而易举地让狮子丧命。所以从这些角度来看，虽然狮子具有强大的猎食能力，但是在残酷的生存环境中，有必要通过群居的方式来面对生存的威胁。所以对于狮子来说，群居自然就是更好的选择。

从这两种大型猫科动物的对比我们能够知道，个体要加入一个集体，首先是出于自身的需要。这一点不只适用于动物界，也同样适用于人类本身。当个体面对强大的挑战或者困难时、当生存条件受到巨大的威胁时，往往倾向于加入或组成一个集体，这样才能够更好地面对自然环境，获得生存的资格，这一点也体现出人类的动物性。一个动物集体的出现首先要满足生存的需求，只有在成员都能够得以生存之后，才会提出其他目标，当目的得到满足，集体就会随之解散。而人类与动物的区别在于，人类需要满足的欲望远远不止是生存而已，所以人类社会中的集体虽然继承了以生存为主的首要目的，但是通常是用来满足更高的要求和目的的。

个体和集体之间的关系，是付出与获得集体保护的关系。我们仍然以狮群为例。在一个狮群中，最高领袖是为首的雄狮。它拥有和群落中所有雌狮的交配权，并且可以对不服从它的成员使用暴力。在集体捕猎时，雄狮可以不参与，捕获猎物之后，它将获得最好的一部分食物，而且只有当它进食完毕之后，狮群中的其他成员才可以进食。但是享受这样的权益背后，雄狮需要不断积攒体力，应对其他狮群的挑战，甚至是其他物种的挑战。群体满足它的要求，它也要为群体的领地争取权益。每头新加入的狮子都会学习并遵守这种规则，但是这个规则并非是由某一头狮子制定的，而是由狮群在若干年的进化中自行习得的。创造这种规则的，是残酷的生存环境。

因此我们可以总结出，一个集体之所以能够产生，意味着群体中有对生存的迫切渴求，这样才能让个体放弃自己的权利，形成一个整体。也就是说，在动物界，一个集体的形成基础在于生存环境的残酷。每个个体要想加入集体，都要服从这个集体的特性，而要放弃自己独有的个性。当集体面对的环境十分艰难时，这个集体内就会出现十分森严的等级制度。高等级成员对低等级成员的压迫也会更加严重。但是，当生存的压力逐渐减轻，甚至不再存在的时候，动物集体将会解散。

所以说，动物之所以能组成共同捕猎或共同生活的整体，完全在于单独的个体无法面对恶劣的自然条件，以至于无法生存。如果动物能够靠自己的力量获取食物，继而能够获得生存的权利，那么它们的倾向就是独自生活，这时将不会存在集体。作为集体的领袖，雄狮将优先享受整个集体中最好的捕猎成果，但是从另一个角度来说，当整个群体面对威胁时，它将成为集体的代表独自出战。受伤是在所难免的，而一旦失败，它只有死亡一条路可选。任何群体都不再接纳它，而面对残酷的生存环境，它自己也无法获取食物。

在总结了动物形成集体的原因之后，让我们反观人类社会，我们将得出不同的结论。人类社会已经是如此发达，产出的物质是如此丰富，可以让单独的人类个体获得良好的生活品质。在这样的情况下，一个动物性的集体就失去了存在的必要性。所谓动物性的集体，就是指集体对于个体的压迫仍然很强，甚至让其中的个体无法获得独立的发展机会。在当今社会，越是闭塞的社会，越容易出现动物性的集体。而越是发达的社会，其中的人民——也就是人类个体——获得的自由程度越高。

但是集体对于人类来说是否毫无必要呢？这需要从不同的角度来

加以看待。18世纪，欧洲诞生了启蒙运动。启蒙思想家们首先反对的就是当时的社会制度，也就是集体中的大多数成员处于被压榨的底层，而权力中心的一少部分人实行专制的制度。他们认为，封建专制使人们的思想和自由受到了剥夺和禁锢，让社会产生了不平等的现象，因而大力提倡自由和民主。他们认为人的权利是生而平等的，要实现个体的发展，就要打破集体中存在的不平等，争取个体的权利。这场声势浩大的启蒙运动带来的最直接的结果，就是美国的诞生。而美国成为当今世界最强大的国家，正是因为个体对于集体权力的制衡和抗争。

在人类社会发展的历史上，人在社会中的价值一直是讨论的焦点。从普世意义上来说，人的自我价值和人的社会价值是同等重要的。人与社会之间的关系十分密切，人既是单独的个体，也是社会中必不可少的组成部分。在动物世界里，动物的自我价值首先要服从于集体价值，也就是社会价值。个体的价值能够带来的是个体的生存和自然欲望的满足，同时更要为整个集体的生存付出个体上的牺牲。其中，集体对个体能够提供的保护，在很大程度上只是生存权的满足，而对其他方面则缺乏尊重。但是在人类社会，对个体的尊重则是必不可少的。因为人类早就脱离了只能依靠集体才能获得生存权的范畴，而是需要在更多方面实现满足。

和自然界中的其他动物不同之处在于，人类的自我价值和社会价值之间并不矛盾。两种价值能够实现统一，而不是为了满足其中的一种而剥夺另一种。而人类要实现这种价值的统一，需要的是付出劳动。这种劳动绝不是为了满足集体中的一小部分而牺牲自己的自由，而是通过自己的劳动让整个集体——其中当然包括自己——实现更好的生存状态。只有让同时生活在一个群体中的人都更加自由和幸福，个体的工作才是有意义的，而个体也将在这个过程中实现自由和幸福。

人类历史中的伟大人物的共同点在于，他们是为了一个集体或者自己身处的社会变得更加完美而努力的，因此他本身才能称得上是伟大的。这也能够在某种程度上说明什么是人类的社会价值，以及它和自我价值之间的关系。人类的个体价值是依托于社会的整体价值而存在的，而社会价值是由每个个体的价值累积并创造的。所以在人类社会中，具有社会价值的人，必然具有更好的自我价值。

因此人类不但具有自然属性，也具有社会属性。人类个体为了实现生存和发展，势必要将社会整体的利益作为个人的追求。所以人类的社会价值不仅体现在个人追求上，更体现在对社会整体价值的追求与满足上。首先，在社会或者集体中，能够比个体单打独斗更容易实现个人的追求和幸福，同时还能带来整个群体的发展。其次，人类作为地球上唯一的智慧物种，能够不断前进的基础就是每个个体在社会中都能获得良好的发展。个体作为社会的组成部分，将有足够的基础获得提升。但是如果离开了社会，个体则很难获得更加美好的前途。

人类之所以能够发展到今天，正是因为形成了社会，进而发展出了高超的文明。脱离了社会的单一个体，很难取得任何成就。这一点可以从现在的一些极个别的不愿加入人类社会的部落或种群中看出。人类个体从未如此依赖于整体存在。只有在群体当中，一个人被称为“人”的价值才能够得到表现和加强。也就是说，社会是由人组成的，而人之所以为人，和他所处的社会是密不可分的。

经济会持续增长吗

自人类社会出现商品经济以来，经济就一直在曲折中前行。虽然经济总量的绝对值是增长的，但是经济的发展从来都不是一帆风顺的。20世纪30年代的大萧条时代，让无数人倾家荡产，随后发生的两次世界大战又进一步拖累了全世界的经济。大战结束后，在平复了战争的创痛之后，一场全球范围内的经济复兴再次开始。到了21世纪，由美国的次贷危机作为导火索，又一次爆发了全球金融危机。

从2008年发生国际金融危机到现在，8年时间过去了。经济形势虽然得到了一定程度的好转，但是从长远来看，世界经济变得越发脆弱。一方面，全球化程度在不断增强：另一方面，地区冲突带来的移民和恐怖主义等不良因素为经济带来了很多不确定性。在欧洲和美国，民粹主义和孤立主义又日渐抬头，也对全球经济提出了挑战。在未来，经济结构可能产生很多新的变化，甚至大规模的革命。

目前全球经济虽然有所恢复，但是要走出金融危机的影响仍然很困难。在金融危机爆发之前，全球经济是呈快速增长态势的，但是在危机之后已经进入了调整阶段。经济复苏的速度比预期中来得要低，各行业的产出仍然不足。在金融危机的影响下，很多国家还处于高负债和高失业率的环境中。同时，全球范围内的人口老龄化程度都在加深，这也造成了从长期来看全球经济增长将会放缓。各领域的投资金额都出现了下降，银行利率也持续走低，甚至有些国家出现了负利率，对于全球各大经济体来说，保持增长是最重要的。金融危机也影响到了全球的贸易，目前的全年全球贸易额仅相当于金融危机爆发之前的一半左右。

在世界范围内，银行的贷款利率都很低，造成了融资成本也很低，但是在未来这一趋势将会结束。在各发达国家和经济体中，经济发展态势仍然处于低位，居民贷款的需求也不是很高。为了刺激经济增长，各经济体的央行实行的货币政策通常比较激进。国际货币基金组织最近调查了几个主要工业国家的实际利率，调查的结果是低成本融资是不可能持续的。在过去，很多发展中国家的居民热衷于储蓄，银行有大量存款，为其他经济体提供廉价的融资，也使得他们的利率长期维持在很低的水平。但是随着金融危机的爆发，这种情况一去不复返了。过去很多地方都存在消费和贷款过度的倾向，现在这种情形正在恢复平衡。同时随着消费的减少和贷款的萎缩，财政赤字也随之降低。因为贸易危机，一些国家和经济体开始树立贸易壁垒，孤立主义和保护主义也重新抬头，这让发展中国家向外出口的水平降低。

很多国家目前存在的问题是，拥有数额巨大的主权债务。因此要耗费很多年的时间去消化这些债务。同时，各国的主权债务水平仍然在继续上升。金融危机爆发之后的2013年，全球债务总额较危机爆发前增长了近50%。这些负债的绝大部分是由各国政府发行的，债务水平已经达到了国民收入的两倍。和发达国家不同的是，一些新兴的经济体出台了很多刺激性的经济政策应对金融危机。他们向基础设施建设投入大量贷款，带动了各方面的投资，同时也大幅增加了债务。为了弥补这一点，这些国家一定要实行财政紧缩的政策，继续降低公共债务。储蓄率将会提升，贷款将会减少，这种情况将延续很多年，而这种情况对经济增长是有负面影响的。

美国作为这次经济危机的导火索，它的一举一动对世界经济都有深刻的影响。危机爆发之后，美国的货币政策从量化政策宽松走向了紧缩，这也使得全世界的金融格局出现了巨大的变化。从某种程度上来说，全世界的经济都和美元有关，美元的变化，能够引起全球经济的变化。当美国从量化宽松转向紧缩开始，美元就成了资本的避险资产。这一轮美元的走强可能持续五年左右的时间。因此在相当长的一段时间里，美元仍然是安全的投资。很多发展中国家当中正处于上升阶段的企业欠下了很多外债，其中大多数是以美元计价的。因为美元的走高，这些企业用美元来偿还债务的成本也一路上升。企业经营的风险开始加重，资金链就可能断裂。这种风险也蔓延到企业所在国家的整体金融环境中，因此美元的升值也导致了其他国家的货币出现贬值，所以在未来的几年里，很多国家的货币将出现一轮涨跌潮。

在全球范围内，大宗商品的交易也不再繁荣，价格一再走低。从2014年开始，大宗商品呈现出供大于求的态势，因此价格降低，降幅累计达到了5%。这一价格下降的势头已经持续了3年，并且在未来的几年内仍将继续。其中国际油价是下跌速度最快和幅度最大的，价格已经达到了今年内最低的程度，并且仍将继续降低。同样由于经济危机导致各国的商品需求总量都出现了减少。危机爆发以来，欧洲和美国不再引领全球范围内的需求导向。在发展中国家中，虽然中国的发展速度一直较快，但是随着金融危机的爆发，中国也开始了全国范围内的去产能行动，商品需求也开始大幅度降低。在这几方面因素的共同作用下，全球商品都开始抢夺有限的市场，这也造成了商品价格的降低。

而且随着美元持续走强，它的升值将会影响全球的物价水平，并且不会使各国陷入经济通缩的压力。同时，正处于上升通道中的发展中国家因为持有大量美元外债，因此也压力骤增。全球范围内的人口老龄化使劳动人口不断减少，而居民储蓄率不断上升，这也使消费开始降低，从另一方面加剧了供过于求的不平衡状态。这也是价格降低的一个重要原因。

在国际贸易中，各大经济体都争相制定市场规则，进而引发了全球范围内的博弈。发达国家推出了一系列协议，想让与之交易的各方都遵守它们制定的规则。但是同时因为新兴经济体的实力不断加强，也想在和发达国家的谈判中发出自己的声音。这些新的规则主要保护的是投资者的利益，同时还试图在全球范围内实现交易的自由化。世界的服务贸易也开始出现转变，旅游等传统服务行业已经开始没落，而金融服务等资本密集型的行业则开始迅速发展。

在全球范围内，跨国投资都开始减慢。同时在新兴经济体中，中国已经不满足于只接受投资，也开始了资本输出之路。因为各大经济体的经济增长前景都十分不明朗，而且经济恢复的速度较慢，美元走强而其他国家的货币持续走弱，因此全球资本都倾向于保守。以2013年为例，全球范围内的跨境投资都出现了减少，而不是增加。中国可能是其中唯一的例外，它在早期发展过程中实行的是商品输出的战略，但是到了现在，它已经不满足于只输出商品，而是开始输出资本。在新政策的引导下，中国在规划好的经济发展路线上，与沿线的许多国家签订了投资或贸易协定。这项新政策带动了中国的对外投资，并将在未来的30年内逐步发展为对外投资的主要渠道。

科学技术的发展使下一轮技术革命已经开始酝酿，在这场革命中，全球的产业格局将会重新洗牌。在今后的10～15年里，欧美等发达国家将会实现工业的产业升级。整个工业流程都将进化到更高的高度。信息产业也将不断升级换代，智能设备持续更新，宽带网络也会变得更快。在计算机领域，虚拟现实领域和各种互联网络的建设领域，都将出现大规模的投资和升级。在计算机芯片的制造上，摩尔定律似乎将不再起作用，或者说不完全按照摩尔定律运行。云计算也将成为大的趋势，大数据和物联网逐渐成熟。在这些因素的影响下，工业将再次爆发革命，进而从根本上影响全球的产业格局。

同时资源问题日渐变得紧迫，对新能源的研究和探索正在成为全世界追求的课题。因此，对于很多矿产资源的要求将会逐步降低。在发达国家中，因为经济形势放缓，全面步入人口老龄化，所以消耗的资源和能源将进一步降低。从现在开始到21世纪中叶，全球范围内的能源需求将陷入十分缓慢的增长，平均每年的增幅仅有1%左右。同时，新能源的供应也严重挑战传统的能源格局。使用传统能源的效率不断提高，新能源不断被发现和开采，都让能源供应在全球范围内发生了很大的变化。因为环境的恶化，各国都制定了严苛的环境保护标准，因此在低碳化经济成为趋势的时代，传统的重能源消耗的行业将会逐渐衰弱，而消耗能源更少、更加环保和附加值更高的产业将会不断走强。化石能源和各种矿产资源将不再是主要需求，甚至有逐渐被淘汰的风险。

过去全球范围内的经济增长都是由发达国家引领的，但是随着发展中国家经济实力不断增长，能源消费也开始向发展中国家转移。在未来的15年间，发展中国家的能源消费将达到全球的70%以上。其中，中国、印度、巴西等金砖国家在能源消费领域将出现大规模增长，进而拉动全球经济。

在未来，经济发展的总趋势仍然是上升的，但是发展的不平衡是需要我们共同关注的。在全世界的新兴市场中，中国就占了一半以上。中国的发展仍将持续，并将进一步带动全球经济增长。但是如果社会资源分配不公平，贫富差距进一步增大，也将导致可能的风险。因此我们需要在警惕中前行。

文化之间出现融合与冲突

人类社会中创造出的各种绚烂而丰富的文化，是人类有别于自然界中的其他动物而独有的。人类在历史的发展过程中逐渐拥有了丰富的精神成果，这些成果就凝结成了文化，反映出人类如何改造自然以及如何建立人类社会的过程。同时，文化还具有鲜明的民族特征，因为每种文化在被创造出来的过程中，都受到自身独特的环境以及历史条件影响，因此文化也能代表各民族独特的价值观和历史传承。当来自不同地区的文化彼此相遇时，各文化的主体通常认为自己的文化是正确的并且是唯一的。他们通常认为对方的文化是异端，是不可接受的。因为文化都具有自己鲜明的个性，因此在接触时都想要同化对方，这就造成了文化的冲突。

文化并不仅仅表现为表面流露出来的特征，而是具有十分丰富的内涵。最浅显的一层是各个文化中由人类创造的看得见摸得着的表象。在文化的表层之下，埋藏着这个民族创造的各种制度。位于文化核心的是这个文化代表的意识形态和价值观。一种文化想要改变它的表象非常简单，但是如果要改变它的内涵则是十分困难的。人们面对外部世界的各种事物时，判断其是否具有价值，以及具有怎样的价值的标准是这种文化的根本内涵。这种价值观能够指导文化的拥有者建立相应的制度，并决定文化的外在是如何表现的。所以说，一种文化归根结底是指它代表的价值观。

世界上存在很多不同的国家和民族，它们具有各自不同的价值观，也因此诞生了自己的文化。它们在文化中，阐述了人类对自身和社会与自然的认识。不同的文化在进行交流的时候，并不是只有表面的交流，其中还包含着价值观的碰撞。如果两个文化之间的价值观存在很大的分歧，那么这两种文化就是不可调和的，在交流时就很容易酿成冲突。所以文化冲突的本质是价值观的差异，是价值观的不同带来的本质的冲突。

既然文化也包含着从表到里的不同层次，那么文化冲突的程度也是不同的。其中，首先，是政治文化的冲突。一个民族的政治文化，是这个民族在漫长的发展历史中形成的属于自身的独特的政治观念，以及由此带来的政治行为。这些政治文化能够反映该民族对一个社会的态度，也能在一些方面体现出自己的价值观。同时，这个社会采用的社会制度也将决定出现哪种政治文化。不同的政治文化在交流的过程中很容易摩擦出火花。

其次，文化的冲突也可能是道德观念的冲突。道德观念是在一个社会里衡量人们行为的规范。对于不同的文化来说，因为核心的价值观不同，文化中具有的道德观念也存在很大的不同。也就是说，在一种文化中被认为是十分不道德的现象，在另一种文化中可能被认为是高尚的，这就必然带来了文化交流中的互相不认可和矛盾。

最后，各个民族几乎都有本身独创的宗教。对于早期人类来说，宗教是用来寄托信仰和慰藉灵魂的方式，是本民族文化中非常重要的组成部分。通常来说，宗教都是劝人向善的，都是想要洗清人类本身具有的罪恶的。但是不同的宗教势必有着不同的教义，而信仰宗教的人通常是固执而专一的。所以宗教带来的文化冲突通常是人类社会中需要面对的最严重的冲突之一，并且非常难以化解。

在全球化程度日益加深的今天，文化冲突也变得越来越常见。因为造成文化的冲突首先是需要两个不同文化的代表发生交流和碰撞才能产生的。在全球化进程加快之前，因为人类的科技水平不足以让人们跨越山脉和海洋等自然阻隔，因此不同地区和不同民族之间在交流上存在着很大的困难。因此在这个时期，能够发生冲突的，都是距离很近、日常可以频繁接触的地区和民族。而且这一时期冲突的范围只会局限于一个区域之内，而不会向外扩散。

但是随着科技水平的提升，人类之间的交往变得越来越轻松，这虽然促进了不同文化和不同民族之间的交流，但是也造成文化冲突的范围扩大了。而且，如果说过去发生的通常只是两个文化之间的冲突，那么现在可能是几种文化混合在一起发生更加复杂的冲突。

随着交通的发达和通信技术的进步，地球已经变成了一个村子，全世界的人类从未像今天一样可以如此轻松地和地球另一端的人进行交流。经济也实现了全球化，不同国家之间要进行频繁的贸易活动。在这样的情况下，不同国家和地区都要面临本身文化的输出和外来文化的传入，因此大规模的文化冲突也随之出现了，并且随着信息的交流蔓延到全世界。文化冲突的内容也不只限于文化中的某一方面，而是在各个领域全面开花。

我们之前已经说过，文化的冲突本质上是价值观的冲突。在全球化的进程中，各国和各族人民都想要表达本民族的文化特征，因此各个文化的价值观之间发生了强烈的冲突。因为空间距离的缩小，人们之间的交往日趋频繁，让人们进一步意识到本民族文化的独特性和与其他文化之间的差异性。这种差异带来的往往并不是文化之间的包容和交流，而是矛盾和敌对。这一点，在国际交往中乃至不同宗教的交流中体现得淋漓尽致。可以说，很多区域性冲突和宗教之间的战争，本质上都是文化的冲突造成的。全球化程度越是加强，文化冲突就越是频繁。

每一种文化本身具有的独特性是无法在短时间内发生改变的，因为文化之所以形成，是一个地区的人们通过长期的探索总结出来的，是得到这个人群最强烈的认可和共鸣的，因此很难改变。历史上曾经发生过文化之间从冲突到融合的情况，这个过程需要耗费漫长的时间。举例来说，佛教诞生于印度，但是在传往周边国家时和当地的文化发生了激烈的冲突。尤其是中国，本身就有丰富的文化底蕴，对佛教产生了强烈的排斥。因此直到1000多年之后，佛教才通过和本地文化结合的方式，融入了中国文化。

而在当今世界，两种文化的交流和碰撞来得更加直接和猛烈。因为信息传播是如此迅捷，以至于每个人和其他人的交流都变得更加轻松和随意。也可以这么说，互联网的出现带来了一个新的时代，使人们具有前所未有的和其他人交流的能力。这也造成了文化之间的交流与冲突更深、更广地发生。原本为每个民族所独有的文化，变成了全人类的共同财产，因此各个民族将不再具有本身的局限性。在这样的背景下，化解文化冲突和矛盾也需要经历一段相当长的时间。

我们同时还应该看到，虽说全球化加深了文化冲突，但是在一定程度上也起到了弥合文化之间的分歧的积极作用。每个国家或民族的文化，都有自己的独特之处。我们不能眼光如此狭隘，只看到自己文化的长处，却忽略了其他文化同样具有的先进之处。对于文化之间的差别，我们需要报以尊重。对于人类来说，未来一定会从分裂走向融合。虽然人类社会中存在不同的种族，但是实质上，全人类理应具有类似的心理结构。我们可以从另一个角度来进行考虑，那就是不同种族的人之间的爱情是不需要语言作为媒介的。两个语言不通的人仍然可以彼此相爱，所以说人类在本质上是具有很多共性的。

在各种文化之间，由于价值观的差异而带来的冲突，是可以通过进一步的沟通而消解的。因此要想实现文化之间的融合，首先要学会倾听彼此，给对方发声的机会。从人类普世的道德标准来看，礼貌的交流是通行的，而发生冲突有悖于文明的观念。如果两个种族之间因为彼此文化的不同而发生了一些矛盾，双方应该采取的解决方式是沟通和交流，而不是走向对立甚至发生战争。暴力从本质上来说是愚蠢的。

全球化让各种文化有了一个交流的平台，也为它们之间进行平等的沟通提供了基础，文化冲突可能因此而有了消解的可能。人类与社会的交流创造了独有的文化，那么在新的社会构成中，人类是否会进化出新的文化呢？答案是肯定的。文化并非是一成不变的，而是随着社会的进步和文明的提高而不断变化的。人类的生产方式和生活方式都已经发生了翻天覆地的变化，而这种变化是朝着一个方向进行的，因此世界各地的人越来越趋同，那么他们各自的文化也将具有更多的共性。

当世界上的各个国家和民族具有的共性达到某种程度时，文化之间的平等交流也变得可能了。这时的人们也将会具有越来越一致的价值观，因此各种不同文化的内核日渐趋于一致，文化也将从冲突而逐渐过渡到融合。

人类目前需要团结起来面对很多世界性的问题。比如资源的枯竭和环境的恶化，以及人类生存空间的不断缩小等。要解决这些问题，不能单靠一个国家或一个民族，而是需要全人类共同努力才能实现。在这样的情况下，人类已经成了一个紧密相连的整体，国家和民族之间具有深远的共同利益。想要解决这些难题，就需要不同文化背景下的人们抛弃之前的对立意识，放开胸怀，拥抱彼此。站在对方的角度来思考问题，往往能加深对对方文化的理解，从而进行更好的合作。我们相信在不久的将来，文化冲突将会成为过去，而不同文化之间的交流和融合将会带来更加绚烂的文明。

贫富差距变得越发明显

人类刚进入旧石器时代的时候，实行的是原始共产主义。这时的一个人类部落获取的生产和生活资料都全体均分，因此在同一个部落中，是没有贫富差距的概念的。但是同一个地区里的两个部落，可能会因为周边自然条件的不同而产生一定的差别，例如，一个部落不但能够吃饱，还能储存食物，而另一个部落则总是饿着肚子。当人类进入了新石器时代，产生了农耕文明，那么获得土地较多的人就逐渐富裕了起来，最后成为部落的首领，阶级因此诞生了。这时，同一个社会中的人类个体之间、不同社会之间都开始产生了贫富差距，也就是说，贫富差距是随着人类文明的起源而出现的。

在19世纪欧洲文豪们的笔下，社会中各阶级的不平等和巨大的贫富差距贯穿了一个时代。无论是巴尔扎克还是雨果，都生动描绘了这样一个分化和矛盾的世界。过大的贫富差距对于经济发展来说并不是一件好事，但是经济环境究竟能够容忍这个差距拉大到怎样的极限，并没有一个准确的数值或者成熟的理论。如此一来，我们只能通过历史和经验来获知，贫富差距的限度和边界究竟在哪里。整个社会对于阶级分化和不平等现象的态度，能够决定历史的走向。社会总是要满足大多数人的需求，制定一系列政策来制约不平衡，防止天平过度倾斜向一端。所以即便现在的社会存在诸多不足，仍然希望通过制度的改变和措施的付诸实施制止进一步走向恶化。

很多人对于贫富差距的问题并不是十分敏感，这一点从社会科学方面发表的论文或专著就可见一斑。从20世纪70年代开始，社会公正问题和阶级分化问题，以及它们带来的社会财富分配不均，进而导致贫富差距扩大的问题，已经很少有人关注，更别提在这方面有何建树。因此我们需要正视它们，并且重新加以考虑，该如何将它们和经济发展的研究联系在一起，这关乎人类未来的走向。贫者越贫、富者越富的情况需要得到改变，我们不应该认为人们应该按照现有的阶级来固定分配社会收益。因为这样一来，处于劣势的人将永远处于劣势。阶级不应该固化，阶级壁垒应当被打破。政策的制定者需要了解的是，并非让信息变得不透明就可以阻止人们了解真相，要知道，扔掉体温计无法让发烧者的体温降下来。

首先，私有财产仍然是需要得到保证和保护的。要阻止贫富差距的扩大，不是说要无条件地将富人的钱拿给穷人，而是要让二者获得财富的机会是公平的，竞争环境是公正的。不平等本身不值得谴责，应该谴责的是造成这种不平等的机制。所以我们首先应该做的是重新建立一个新的秩序，这就要政策制定者重新思考，怎样做是最有利于全社会的。

19世纪中后期，欧洲正处于工业革命时期。这一时期，大工厂主的利润不断上升，但是与之相对的，工薪阶级的工资水平长期保持不变。在这样的社会背景下，能够得到一些具有鲜明时代烙印的观点。如今，社会环境又发生了巨大的变化。要想得出新的结论，需要利用数学模型来分析历史上的大量数据。如果盲目地侵害和剥夺私人财产，可能引发更加严重的社会问题。因此，在如今的财产极度不均的情况下，需要设计一些更加有效的方法，例如更好的税收制度等，来阻止贫富差距的进一步扩大。

收入的不平等或者贫富差距都是客观存在的，所以它必然有存在的理由。但是这种不平等需要控制在一定的范围内，如果超出了这个范围，就会造成不良的社会效应。在人类社会中，一定程度上的不平等能够造成竞争，客观上促进经济发展，进而带动社会发展。但是如果这种不平等超过一个限度，就会伤害经济。所以值得注意的不是不平等的问题，而是不平等的结构问题。这就涉及社会各阶层的收入差距拉大到了何种程度，以及为什么会造成这种差距，与之相关的各种制度和评价体系也是值得研究的，正是这些评判标准决定了社会的走向。

虽然关于这方面的研究有很多，但是都不太深入，没有建立一个统一的模型对历史数据加以分析，证明当前的贫富差距水平是否仍然在受控范围内还是已经超出了范围。所以我们只能通过历史上发生的事件来作为判断的依据。历史会带给人们一些经验和教训，让人们懂得一些规律。虽然这些规律是分散的，但是却都指向了一个共同点，那就是不能盲目地追求经济发展，同时还应该关注社会结构与公平。如果经济发展凌驾于社会正义之上，将造成不平等的加大，进而形成社会危机。

在19世纪，欧洲的贫富差距就达到了极端不平衡的程度。收入最高的10%的人，竟然占据了高达90%的社会财富。这样巨大的差别导致了社会关系急剧紧张，经济发展受到阻碍，甚至因此造成了一定程度的动乱。今天，美国排名前10%的富人拥有的财富达到了整个社会的70%，虽然比例仍然很高，但是和两个世纪前相比，已经大大改善了。几乎每个家庭都有住宅和汽车，并且绝大多数人能够获取必要的生活资料，但是很多人仍然认为美国的社会是严重不公的。所以应该做的就是改变现有的政策，制定新的措施和手段，让富人们为社会多做贡献。

如果仅仅为了实现经济增长，就不顾社会中的不公和失衡，那将会造成未知的后果。有人认为随着经济的发展，贫富差距将会加大，最终以失控收场。但是同样有人认为，当经济水平发展到一定程度之后，贫富差距将会缩小至合理区间。这些情况都有可能发生，但是主要取决于用怎样的态度和政策来让经济一直固定在正确的轨道上。

中国从20世纪末到21世纪初，在飞快地崛起，这就让全球经济的不平衡得到了一定的缓解。但是在中国国内，新兴的富裕阶级和中产阶级之间的贫富差距仍然存在，这是需要全社会共同面对的一个重要课题，要用智慧来解决。社会中的不平等，会带来诸多资源的不平等，其中最主要的就是教育。精英阶层的孩子掌握了顶级的教育资源，就相当于为自己的未来提供了更好的基础，让他们未来也能够成为精英，进而得到更多财富。这样就使阶级之间的流动性降低，如果最后阶级成为固定的了，将会对社会秩序造成一定的挑战。要解决这个问题，似乎比让经济腾飞需要更多的努力。

我们中的绝大多数人应该都不会愿意重新回到19世纪的欧洲，既然是这样，那么就应该共同努力来遏制不平等的加剧。要根据各个地区的不同社会情况制定相应的政策，而不是盲目地借鉴其他地方的政策。在教育方面，尤其是基础教育方面，应该持续加大投入，争取让各个阶级的孩子都能接受同样水平的教育。知识的普及能够带来力量，推动其他方面变得更加公平。但是我们也应该看到，想要实现教育的平等并不容易。因为经济水平的差距，仍然有些教育是穷人不容易获得的。还有些书本之外的知识和眼界，是不同阶级之间难以跨越的。虽然考试制度能够在一定程度上保证公平，但是仍然会有一些例外。

在美国，常青藤是诸多大学中的佼佼者，其中很多学校的在校生父母都属于高收入人群。这一比例和全国人口中富人的比例几乎一致，说明富人家的孩子更容易获得更好的教育，也能说明教育资源并非是完全公正和平均的，而是带有一定程度倾斜的。进入21世纪之后的很长一段时间里，美国的受教育人数始终没有增加，这一数字保持在50%左右。但是占据社会财富最多的前25%的富人几乎都受过良好的教育，可想而知，其他阶级的受教育水平是怎样的。教育政策能够影响贫富差距，甚至能够使之进一步扩大。

所以急需解决的问题是要为穷人家的孩子提供更多受教育的机会，而不是堵住他们前进的道路。如果全社会的受教育水平能够提高，那么就会更加包容，人们生活得也将更有尊严。知识能够让人获得更多的工作机会，创造更高的价值。在欧洲，很多国家都在教育方面进行巨额投入。因为他们深知，要想保证社会的稳定发展，就要保证国民的受教育水平。

还有一点就是让富人缴纳更多的税款，虽然这将会触动很多富人的利益，但是仍然是势在必行的。缴税应该是分阶梯和等级的，如果富人和穷人的纳税比例一致，要么会使富人缴很少的税，要么会让穷人缴税过多而无法生活。占据最多财富的极少数人适合采用更高的税率。这些人要创造更高的社会价值，除了让企业和个人获取更多的财富之外，还应该用另外的方式多做贡献。

一些欧洲国家正在实行超高的税率，来保证为全社会提供高福利待遇。这种形式虽然能保证一定的公平，但是仍然存在它的弊端。例如人口的老龄化和退休年龄过早。很多人都能工作到65岁之后，但是事实上很多人在不到60岁就已经退休了。这样会占用过多的社会资源，长此以往，并不一定是一种可持续的方式。

腐败也是造成贫富差距的原因之一，这一点在一些拉美国家和俄罗斯体现得十分明显。一些人通过权力攫取了巨额财富，造成了严重的社会不公。但是仅仅通过反腐来遏制贫富差距的扩大，显然又是过于单一的手段。俄罗斯为了解决腐败问题，把很多金融寡头扔进了监狱，但是寡头们不会消失，而会更加集中，导致更大的垄断。所以要建立全面的社会机制，让资本为最广大的民众服务，提高全社会的参与感，增加阶级流动性，这样才能避免贫富差距的进一步扩大，社会才能因此而稳定。

越来越多的人进入老龄化

随着科技的发展和医疗水平的不断提高，人类的平均寿命变得越来越长。人类诞生之初，平均寿命只有十几岁，但是现在，人类的平均寿命已经达到了70岁以上。当社会中的老年人越来越多，占总人口的比例达到10%或以上，这个社会就已经进入了老龄社会，我们就会说社会中的人口老龄化程度很高。人口的老龄化是指社会中的青年人口数量降低，而老年人口数量增加的过程。如果这两件事情同时发生，那么社会中的人口结构就会发生变化。之所以会出现老龄化社会，一是前文所说的人类平均寿命不断延长，社会中老年人的生活状态和生命尊严得到了有效保障；二是表现在生育率的不断下降。人类之间的婚姻和结合已经逐渐脱离了繁衍后代的范畴，人类的生育观念发生了改变，而抚养一个孩子的成本也越来越高，这也使得年轻人养育下一代的热情降低。

从20世纪50年代开始，在全世界范围内，老年人的人口总量都是在逐渐上升的。从这一时刻开始，全世界的许多国家都逐渐进入了老龄化。到世纪之交，全世界的老年人的数量达到了6亿，这个数字与50年前相比增长了两倍。到了21世纪，全球老年人的人口数量以每年1000万以上的速度不断增长，且有逐年递增的趋势。其中80岁以上的老人数量也在不断增长，在过去10年中，全球80岁以上老人数量已经超过了一个亿。全世界有超过60个国家的老年人数量在全国人口数量中的占比超过10%，也就是说，这些国家都已经进入了老龄化。

虽然全世界的人口数量一直在上升，其中各个年龄段的数量也都在上升，但是老年人口增加的数量呈现明显的增长，而新生儿和年轻人口增长幅度相对较低。如果说在过去，青年人和老年人的人口增长速度呈现出金字塔式分布的话，那么现在这个形状已经变成了H形。从进入21世纪的头一年开始，全世界60岁以上老年人占全球人口总数的比例已经超过了1/10，也就是说，从这年开始，全球都进入了老龄化。

在亚洲国家中，日本的老龄化程度是最为严重的。从20世纪70年代开始，日本就已经进入了老龄化社会。到了2010年，全日本60岁以上的老人在总人口数量中的比例已经占据了30%以上。也就是说，全日本有1/3是老年人。因为老年人工作能力下降，创造的社会价值也相应降低，因此虽然日本的经济总量不断上升，但是人均GDP却一直处于下降通道中，这与日本老年人口的不断增长是密切相关的。

在欧洲，德国的情况与日本相似，甚至比日本的情况还要严重。根据联合国的报告，从20世纪50年代开始，德国就已经迈入了老龄化社会。虽然老年人口数量的增幅缓慢，但是仍然在2010年达到了总人口数的30%。虽然德国的老龄化开始较早，但是发展相对较缓，尤其是在最近的20年里，老年人口比例已经不再发生大的变化，因此人口老龄化对德国的经济发展造成的影响是微乎其微的。

美国作为全球最发达的国家，虽然也在20世纪中叶就进入了老龄化社会，但是一直发展平稳，这也与较高的生育率有关。全国老年人口占总人口的比例从20世纪的10%左右发展到现在，只增加了不到10%。而作为社会生产的中坚力量的中年人口常年维持在60%以上，因此老龄化并未影响美国的经济发展。美国由于20世纪的婴儿潮，在一段时间内，青少年人口数量竟超过了总人口的30%以上，之后逐渐下降并稳定在20%左右。

不断上升的老年人数量也给意大利带来了不小的麻烦。在意大利，社会的老龄化程度不断提升，因此国家支付的养老金越来越多。支付这些养老金，给意大利政府造成了严重的财政负担，也导致了财政赤字居高不下。多年以来，为获得选民的支持，历届政府都不愿意修改已经令政府不堪重负的退休金制度。直到2011年，当时的意大利政府才开始逐步进行养老金改革，其中涉及了退休制度与税收制度的很多方面。虽然遭受了很大的阻力，但这一改革对意大利的长久可持续发展是有利的。

人口老龄化带来的不但是社会生产价值的减少，还意味着社会养老成本的增加。一些特定的疾病是在老年人群体中高发的，例如阿尔茨海默病或帕金森病等。这些疾病的存在，严重威胁着老年人的健康。在所有罹患阿尔茨海默病的老年人中，有超过10%的人生活无法自理，需要人长年照顾。这给社会带来了很大的压力，其中包括占用医疗资源和人力成本，并且让患者的家庭负担变得更加沉重。这种负担不但体现在经济压力上，也体现在亲情的逐渐淡薄上。

也有人从老人护理行业中发现了商机。在中国有多达2亿老年人，并且这一数字仍然在不断上升。在老人护理产品和周边配套设施中存在的市场价值高达数千亿美元，因此不断有资本投入到这一行业中。这些产业包括但不限于老年人疾病的治疗、生活的养护以及休闲、度假甚至资金管理。现在各个社区都建起了老年病医院以及相应的康复机构，这将成为社区医院下一步的发展趋势。这些新建的医院需要进行大规模的基础设施建设以及人员和设备的投入，因此是一个不断壮大的朝阳产业。随着老龄化社会的不断增多和社会中老龄化程度的不断加深，老龄产业仍将继续发展。

医疗用品和保健品行业也因为老龄化社会而受益。因为老人往往更加注重健康与养生，因此大量保健品和营养品如雨后春笋般涌现出来。还有一些老人常用的药物如心脑血管药品，降血压、血糖药品等，都有着巨大的市场。一些行动不便的老人，还需要辅助器具如轮椅和复健器材等，这些行业都是在全社会老龄化程度不断加深而获得发展的。

老龄化社会已经成了全球性的问题。世界各地都针对老龄社会和老年人的不断增长而制定了相应的政策。在澳大利亚，人们认为老年人不应该因为年龄的增长而失去工作的动力，他们不但应该为社会做出自己力所能及的贡献，创造更多的价值，还应当为自身群体解决更多问题。因为老年人本身更了解老年人的需求，所以老年人更应该帮助国家解决最急需解决的棘手问题。

美国在“二战”之后出现了婴儿潮，20世纪50年代出生的那一代美国人，也已经迈入了老年人的门槛。这批当时占美国人口总量1/3的新生儿，正在成为相应比例的老龄人口。而且因为美国社会科技发达，经济水平较高，所以高龄老年人占的比例很大。为了应对老龄化程度的不断提高，美国政府一方面鼓励老年人继续工作，另一方面仍然大力鼓励移民。来自国外的青壮年加入美国，也在一定程度上增加了年轻人的比例。美国有专门的法律支持老年人工作，防止老年人在就业方面受到歧视。同时，社区医疗和养老产业十分发达，让老年人老有所依。

亚洲国家中，泰国政府专门成立了为老年人服务的老龄事务委员会，为老年人制定相关的政策。全国所有60岁以上的老人，根据年长的程度争取政府发放的救助金，每月最多1000泰铢，残疾人则可以领取2000泰铢。社会组织和志愿者也愿意为老年人提供力所能及的服务，老年人之间也成立了很多互助团体。

诚然，老龄化社会带给全人类很多挑战和问题。因为很多老年人，尤其是高龄老年人创造的社会价值减少，而消耗的社会资源众多，不利于经济的发展，也给全社会造成了沉重的医疗负担。但是人类社会全面进入老龄化已经不可避免，人类的社会结构已经因为年龄段的分化而产生了深刻而难以逆转的变革，我们需要正视这些问题，并从中找到对社会有利的方面。比如虽然老年人个体的劳动力和青年人相比会降低，但是通过专业技能的培训和知识的普及，可以提高生产力，这样就能够和较低的劳动力达到平衡。在环境方面，老年人造成的排放和污染也更低。

老年集体的存在，似乎也可以让社会阶层能够分享的财富更加平均。因为生育率的降低，家庭成员减少，而家庭总财富不变或增长，每个人能够分享的财富也相应地增加了。同时，平均寿命的提高意味着人的健康，生命也在延长。过去人类的平均健康寿命只有50岁左右，现在则可以达到70岁，可以预见的是，这一数字将会继续增长。在未来的30年时间里，人类的平均健康寿命有望达到80岁。健康寿命的延长，能够显著提高生活质量。而且生活质量的提高有助于家庭整体素质的提高，从而让全社会达到一种更加健康的状态。

城市化的旅程仍在继续

人类刚刚进入文明时代时，是以小型群落为单位居住的。这时的人类还没有过上定居的生活，而要随着食物迁移。这些小型群落后来逐渐成为聚居的大型部落，并且由于农业的发展而开始实现了定居。这些部落形成了原始的村落，并且在约公元前5000年开始发展为小型的城镇，这就是第一次城市革命。人类目前发现的最早的城市遗址位于今天的伊拉克，坐落在幼发拉底河和底格里斯河交汇处的平原上。如果以当今的眼光来看，早期的城市甚至无法称为合格的城市，因为它们的规模很小。但是如果将它们与更古老的人类居住地做比较，那么确实已经足够大了。

18世纪，工业革命在欧洲爆发，工业开始大规模兴起，带来了生产力的巨大提高。机械化的普及使很多工作不再需要人力，大量人口开始涌入城市，造成了城市化进程的加快。在2世纪时，整个伦敦的人口只有3万人，而且在之后的很多年里都没有出现大规模增长。但是随着工业革命的爆发，伦敦人口在短时间内迅速增加到了100万人。直到19世纪初，人们才开始有意识地统计城市化的水平。在这个时期，全世界总人口数大约为9亿，其中有四分之一人生活在人口数在2万以上的城市中。仅仅半个世纪之后，人口的城市化率就已经接近二分之一。其中，有大概3%的人生活在人口数为10万人以上的大城市里。从此之后，城市化的进程就再也没有停下它的脚步。从进入20世纪开始，除了少数地区还存在零星的农场和庄园之外，大部分英国人都成了城镇居民。

城市化进程与农业技术的提高和交通的不断完善有着密切的关系，同时新航路的开辟和商业的发达也带来了经济的振兴，为城市的发展提供了良好的基础。“二战”结束之后，各国都经历了战争的创痛，这时开始大力发展经济，实力迅速得到了恢复。同时，亚洲还出现了新兴的经济体。从20世纪80年代开始，发展中国家的城市化进度加快。如今，在全世界的城市化构成中，发展中国家所占的比重超过了一半。

当前的城市化发展具有一个明显的特征，那就是大城市，甚至是超大城市的数量进一步增多，这种趋势是全球性的。不但在发达国家中存在，在发展中国家里也存在类似的现象。并且随着大城市的增多，还出现了过去从未有过的城市组织形式，如大城市带等。在过去，城市就像是一座座孤岛，彼此之间相隔遥远。现在，这种局面已经发生了改变，发达的交通线路和现代化的通信手段，已经让城市之间能够紧密相连。

据统计，在2012年时全球人口就已经突破了70亿，而在这些人当中，城市人口占了一半，达到了30多亿。按照现在的城市化水平进行估算，到2030年时，城市人口将达到50亿。城市化的进程将进一步加快，在这一轮增长中，非洲和亚洲将成为领头羊。快速发展的城市对人类的生活环境提出了相当严峻的挑战。要想让这么多人都生活在城市中，就要进行大规模的基础建设，包括住宅、交通和生活功能区等。

城市化具有几种不同的发展趋势。其中一种是随着交通网络的不断扩大，让城市居民不必仅仅生活在城市的核心区，而是可以向城市周边进行扩展。这就带来了人口的迁移和一些产业的疏散。同时，为了向这些居民提供服务，一些政府职能部门也将随之外迁。甚至有些城市为了缓解压力，把所有主要的政府机构都迁往远离城市中心的郊区，缓解了城市内部的压力。还有一些地方在城市周边发展工业和制造业，也带动了这些地区的发展。

城市发展的另一趋势是，出现城市聚集的现象，这一点在大城市周围体现得尤为明显。因为随着经济全球化程度的不断加深，人口多和规模大的城市显然能够获得更多的发展机会，并且能够汇聚更多信息。而且这些超大型城市因为经济发达，所以各方面条件都要比小城市更加优越。这些优点都为大城市进一步增添了吸引力，把更多的人和良好的资源都聚集过来。通常来说，这些城市也能够更迅速地消化巨量的信息，并且能够为城市居民和经济体提供更好的发展空间，因此，大型公司和跨国集团的总部通常都位于这些超大城市。

通常来说，大城市的人口数能够达到400万人以上，而超大型城市的人口数能够达到800万以上，很多国家甚至出现了人口数量超过1000万的巨型城市。除了单一的大城市之外，还出现了大都市区的概念。这些大都市区通常是由一个核心城市和与之相关的若干个连接地带组成的，它们虽然彼此相连，但是尚未形成一个统一的城市。这种都市区不但具有相当大的规模，同时人口密度也十分可怕。

大都市区不断出现，同时还有一些城市组成了城市集群，这些都代表了当今时代城市化进程的新形式。所谓的城市集群，就是在一个经济发展程度相似的空间范围内，出现了密度很大的城市群或者城市圈。这种城市群集中了若干个城市，其中有一个经济水平最高的城市作为整个群体的核心，同时还会出现几个次核心。这些核心城市能够带动它附近的城市向前发展，并且逐步形成一体化的发展趋势。这种集群发展的形式最早出现在发达国家，比如著名的美国东海岸和五大湖区城市群。随着全球城市化水平的提高，这种趋势在发展中国家也开始出现。中国的长三角和珠三角地区就诞生了具有自己特色的新兴城市集群。

从现在开始到21世纪中叶，人口数量将继续增长，增长的数量和同期转化为城市人口的数量趋于一致。全世界的农村人口都将进一步减少，在统计学范畴内，未来几十年间，农村人口将呈现负增长的趋势。到2050年，全世界的城市人口数量将相当于一个世纪前的世界总人口数。

在未来的40年中，非洲的城市人口将可能增长达12亿，也就是相当于现在的2倍多。亚洲的城市人口也将翻一番，达到35亿左右。而欧洲和北美因为城市化水平本身已经足够高了，所以城市人口的增长数量将不会太多，分别为5000万和1亿左右。

城市化水平提高，会带来公共服务水平和教育资源的提高。因此，很多人将因为成为城市居民而受益，大大增加受教育的机会。但是我们还应该看到，城市中的人口越来越多，势必让城市只能不断向外扩大。这将造成基础设施建设进度滞后和住宅供应不足的现象，对能源的消耗也将快速增长，给周边环境带来很大的挑战。与此同时，城市中还必然生活着一些贫困人口，如何防止贫民窟的扩大和减少其中发生的违法行为，又成了摆在城市管理者面前的新问题。

美国社会组织在2000年发布的报告称，在发展中国家里，有400多个城市成了拥有100万以上人口的超大城市，而这些国家的城市化水平还在不断提高。人类进入21世纪之后，整个世界都进入城市化的时代。发达国家的城市化水平早就已经达到了很高的程度，在未来，这种趋势仍将继续，整个世界将成为一个城市化的世界。

和发达国家走过的城市化道路类似，发展中国家在城市化进程中也存在地域性的偏差。中国在20世纪中叶到80年代之前，城市化水平一直不高，并且在这几十年间几乎陷入停滞。自20世纪70年代末中国开始了改革开放的进程，步入了中国特色社会主义市场经济的历程。从这时开始，中国的城市化速度迅速加快。到了20世纪末，城市人口已经达到了全国总人口的30%以上。

中国仍然在飞速崛起的过程当中。根据世界银行的数据，在未来的5～10年间，中国的城市人口将比现在翻一番。中国从改革开放以来，发展速度有目共睹，城市化水平和城镇人口增长的速度让人十分惊讶。到20世纪末，中国的城市数量已经达到了670个，而到21世纪中期，这一数量可能突破800个。其中，中小城市的发展最为迅速，很多农村转型成了城市，或者成了附近城市的一部分，大量农村人口进入城市生活。

在发展中国家里，大城市的数量不断增多，导致了过度城市化的问题。发展中国家拥有的大城市和超大城市数量比发达国家还要多。这种现象造成了超大城市和大城市之间、大城市和中小城市之间的发展不均衡，甚至出现断崖式的差异。在拉丁美洲，很多大城市人满为患，但是小城市却民不聊生，到处充斥着犯罪行为。因此我们应该注意到，过度城市化带来的结果并不符合城市化的初衷。城市化的过度发展并不能让贫困地区迅速改变落后的面貌，反而会成为发展经济的拖累。同时，城市化发展的滞后也会带来另一种困境，那就是经济发展失去动力，生活水平难以提高，和人类社会总体的发展趋势不同步。因此，在城市化的进程中，要符合经济发展规律，让产业现代化和城市现代化频率一致，这样才能避免城市发展中可能出现的城市病。

未来的大城市都将面临各自的环境风险和自然灾害。根据现有的数据进行分析和预测，在未来，欧洲和非洲所面临的自然灾害相对较少，拉丁美洲要面对的灾害数量将会增加。而一些亚洲国家，尤其是位于大陆板块交界处的地质活跃地带的国家，将会有很多大城市面临大规模的自然灾害风险。这也提前为城市的建设者和政策制定者敲响了警钟，他们需要解决的问题是，在城市人口不断增多的情况下，如何避免在发生灾害时造成巨大的人员和财产损失，这也是摆在全世界城市管理者面前的一道难题。

超级大国会有怎样的未来

在人们谈论国际政治的时候，有一个词会经常出现，这就是“超级大国”。“超级大国”这个词汇使用是如此频繁，以至于人们十分想知道这些所谓的大国究竟是怎样的。它们是如何产生的，将来又会向何处去。这个政治语汇并不是古已有之的，而是出现在20世纪初期。当时，一些研究国际政治的专家发现，有几个国家能够凭借着自身的超强实力和影响力，来干预周边的其他国家甚至整个世界的政治格局，这几个国家就被称作超级大国。

起初的超级大国主要是欧洲列强，随着“二战”的结束，英、法等传统强国元气大伤，美国和苏联的实力迅速上升，因此成了当时世界上仅有的两个超级大国。苏联作为世界上领土最为广阔的国家，能够影响整个欧亚大陆。美国的领土面积也排名靠前，更重要的是经济总量排名第一，而且具有相当强大的军事实力，所以能够影响整个太平洋地区乃至欧洲的局势。

现在，美国成了全世界唯一的超级大国。而苏联由于政治体制发生变化而解体，继承了苏联主要政治遗产的俄罗斯联邦不再具有和美国平起平坐的实力。苏联之所以能在“二战”之后成为超级大国之一，除了它拥有巨大的疆域外，还因为其在“二战”中扮演了十分重要的角色。也可以这样说，如果没有“二战”，苏联也不会在短时间内获得如此快速的发展。正是由于“二战”的爆发，苏联奉行战时经济政策，举全国之力发展工业，使生产力大幅上升。在“二战”之后，苏联的GDP跃升至全球第二，仅次于美国，而在军事方面的实力则完全不逊于美国，因此自然成了超级大国。

苏联采用全民所有制的经济模式。这种国有经济模式使得经营者不会尽心尽力从事生产和销售，导致整个社会的劳动生产率都在不断降低。在苏联，20世纪60年代制造1吨钢铁需要200美元，但是到了20世纪80年代，生产1吨钢铁需要的成本则达到了400美元。也就是说，社会中需要的各种资料的增长，是靠资金的加倍投入来带动的。这种情况造成的结果就是经济总量不断被蚕食，无论多么强大的经济体也经不起这样的消耗。所以，当投资不再成倍投入的时候，生产就会逐渐下降并陷入停滞，更有甚者则会出现负增长。

苏联解体之前，一直实行高度集中的政治和经济模式。苏联的政治制度并不为西方国家看好，而是被称为独裁统治。同时，由于经济增长无法长期维持，为了应对不断恶化的国内和国际形势，苏联只好集中全国的人力和物力投入到备战中去。这在短期内确实实现了工业的大规模增长，但是从长期来看，因为这样的发展模式严重背离了经济规律，所以注定无法持久。整个国家里，只有与战争有关的重工业是被支持的，其他产业则备受打压，这就让很多企业的拥有者和从业者感到十分失望。同时，苏联政府对国内的一些政治异见分子进行了残酷的镇压。很多人被以各种编造出的理由加以迫害，苏联当时的特务组织克格勃在全国都安插了眼线，使国民生活在不安和恐惧之中。在这样的社会背景之下，苏联逐渐丧失了活力，最后陷入了封闭和僵化。

这个时候，苏联只能通过强大的军事实力来维持其在国际上的超级大国地位。但是我们需要知道的是，有时候，一个国家的军事实力无法如实反映该国的经济水平。苏联不但没有实现经济的振兴，反而因为发展军工而牺牲了经济。苏联的国民生产总值与美国相比还不到后者的一半，但是军费开支却超过了美国，这势必为经济带来沉重的负担。到了冷战时期，苏联不惜一切代价和美国开展军备竞赛。为了所谓的星战计划，苏联经济终于不堪重负。苏联国内人心思变，这时的苏联领导人戈尔巴乔夫顺应历史，做出了正确的选择。在经过了70年的辉煌之后，苏联这座超级大国轰然倒塌。

美国作为当今世界经济和政治实力超强的大国之一，仍然保持着领先地位。美国之所以能够长期成为超级大国，与它本身具有的独特优势是息息相关的。美国诞生于200多年前，当年的新教徒们在大洋彼岸的土地上建立了一个新的国家，并把它骄傲地称作山巅之城，意思就是这个国家将会成为整个世界的榜样和表率。经历了两次世界大战之后，美国如愿以偿地成了超级大国，这和它的立国之本有着密切的关系。美国的诸多特点使它能够成为并长期保持一个超级大国的形象。

首先，一个国家必须要有一个相对安全的地理环境和地缘政治环境，才能实现发展。通常来说，一个国家是无法选择自己的邻居的，无论这个邻居是好还是坏，都没法轻易“搬家”，但是美国在这方面的运气显然相当好，它的东、西两边都是广阔的大洋，可以作为天然的屏障；北面的邻国加拿大地广人稀；而南方邻国墨西哥一直以来都处于美国的阴影之下，这样一来，就使美国在大部分时间都无须忧虑外敌的入侵。事实上，美国本土受到长期和大规模的入侵，在历史上只发生过一次，那就是1812年的美英战争。在余下的相当长时间里，美国都没有再遭受过类似的攻击。在与邻国交往方面，因为仅有的两个邻国实力都相对较弱，因此美国只需要用最简单的外交手段就能获得边境的和平和安全，这样就让美国没有后顾之忧，可以安心发展经济。

当美国处于上升通道的时候，世界上的其他地区正经历着一个十分混乱的时代，战争和冲突不断。这样弱肉强食的时代背景十分利于美国的扩张，因为在这样的时代里，只有丛林法则依然适用，而美国则几乎不受任何条件的约束，完全能够随心所欲地做符合自身利益的事情。结合之前的地缘优势，美国得以迅速崛起。

在这一时期，传统的欧洲强国则开始走下坡路了。虽然它们经历过辉煌，曾经是全球的霸主，但是到这个时候因为很多原因，在政治上已经不再强势。而且欧洲国家的领土面积普遍较小，人口数量也无法和美国相比。虽然欧洲人早就已经注意到大洋彼岸的美国正在飞速地强大起来，但是他们却无法阻止美国的发展势头。

美国拥有一套独特的政治制度。这套制度具有一定的优势，能够确保立法、行政和司法权彼此独立又相互制衡，同时还创造性地建立了一套选举制度，用来确保选出的总统能够代表大多数美国人的愿望。三权分立的制度是欧洲人开创的，但是在美国得以彻底发扬光大。美国不但实现了政府和权力部门之间的相互制衡，也实现了民众和政府的相互制衡，这种在相互制约中发展的制度力图让美国的社会秩序不会大幅偏离，其中一方犯了错误，另一方会予以纠正。

1787年，美国宪法诞生，直到现在仍然在实施。在200多年里，美国政治生活最重要的一项内容就是总统选举。这项选举每四年举行一次，并且不受任何力量的阻挠。它采用选举人团和赢家通吃的制度，简单来说就是按照人口为各州分配选举人票，一个候选人在某个州的支持率较高，则会赢得该州全部的选举人票。这项制度能够保证联邦中的每个州都能发出自己的声音，而不会因为人口稀少或者实力较弱就被忽视。在历史上曾经出现过一位候选人虽然得到了较少的普选票，但是凭借更多的选举人票而成功当选总统的例子。美国的选举制度力图尽量合理地选出最高领导人，政权交接过程也相对平稳。美国建国多年来，从未出现过渡时期的权力斗争，这一点可以成为该制度最好的注脚。

通过这些我们能够知道，美国成为世界上唯一的超级大国是有一定的必然原因的。其中既有环境的优势和当时独特的发展机遇，同时也有自身的优良素质带来的内部增长动力。内、外两方面的条件都为美国发展成为超级大国奠定了坚实的基础。在整个20世纪里，美国都是最重要的国家，扮演着仲裁者的角色。因此也有人说，20世纪就是美国人的世纪。如今，当时间跨越到21世纪，美国面临的诸多因素仍然没有发生根本性的转变，因此在未来的相当长一段时间内它仍然将作为超级大国存在下去。

但是我们也应当看到，虽然美国仍然被称为唯一的超级大国，但是其他国家也在飞速发展，美国要保持它的优势地位，需要做出更大的努力。世界局势已经从原来的单极化向多极化转变。其中，中国近年来的发展有目共睹，经济不断大幅增长，各方面实力都得到了极大的提升。由中国和俄罗斯、巴西、印度和南非五国组成的金砖国家，是当今世界上最大的新兴市场国家联盟，对美国的国际地位提出了强有力的挑战。多极化是一个难以阻挡的大趋势，而美国则必须了解并接受这种趋势。

在20世纪，美国总统杜鲁门曾经宣称，美国的制度是全世界最先进的，所有国家都应该采用美国的制度。美国想要继续强大，就要让美国的制度成为全世界的基本制度。如果要解释一下这句话，即资本主义只有实现全球化才能够得到发展，如果处于一个封闭的环境下，就将彻底没落。在“二战”结束之后，美国凭借强大的力量打开了全球市场并一家独大，但是现在随着全球化的深入发展，美国的优势已经越来越难以保持。如果美国仍然奉行用强大的军事实力作为后盾的原则，而继续以领导者自居，那么它的衰落终将难以避免。

未来的世界是多极化的

我们已经说过，世界上现在拥有美国这样一个唯一的超级大国，但是其他新兴国家和经济体也在飞速崛起。这样一来，世界就从原来的单极化走向多极化。多极化的定义是，在整个国际体系中存在很多能够相互制衡的战略力量，而非一家独大。这些国家或者国家联盟能够对国际形势产生重要的影响，也可以说，多极化是世界政治格局发展的必然趋势，反映了全球各地经济实力的崛起和随之带来的政治力量达到平衡。多极化源于原有的两极格局，它代表了国际形势反映出的最新特点。

“二战”结束之后，美国和苏联成了世界上仅有的两个超级大国，世界政治的两极格局因此形成。冷战开始之后，美、苏两国开始了激烈的军备竞赛，严重地消耗了两国的经济。与此同时，美国陷入了越南战争的泥沼，无暇顾及其他事务。而苏联在和美国不断斗争的过程中，也消耗了很大的精力。从20世纪70年代末到80年代初，中华人民共和国恢复了在联合国的合法席位，并赢得了广大非洲国家的支持。而日本经过多年的恢复，经济实力不断提升，已经成了名副其实的大国。在欧洲，英国和法国也从战争的阴影中恢复了过来。这一时期，美国和苏联已经无法垄断整个国际格局。两极化开始朝着多极化发展。

如今“二战”已经过去了70年，世界上出现了一批新兴的政治力量。苏联解体之后，俄罗斯继承了苏联的政治遗产，虽然在经济水平上还无法与苏联时期相比，但是仍然具有很强的实力。在东亚，日本和中国都已经得到了长足的发展。而欧洲也组成了欧洲国家联盟，共同应对外界事务。这时世界上也出现了一些新兴的经济体和国家联盟，例如由东南亚国家组成的东盟，以及由中国、印度、巴西、南非和俄罗斯组成的金砖国家，这些经济体或者国家联盟的实力正在不断壮大，对美国形成了有力的挑战。

经济全球化不断深入，使得各个国家前所未有地相互依赖和相互制衡，并且打破了原有的封闭格局，为各个国家提供了平等的发展机会。任何国家想要发展，都能够找到自己的方法。每个国家都可能需要另一个国家，每个国家的发展，都不是建立在牺牲别国利益的基础上的。虽然美国如今仍然是世界上唯一的超级大国，而且这一地位在未来相当长的一段时间内将会保持下去，但是美国已经无法独自左右世界的政治格局。

世界的多极化，能够使全球的经济力量和政治力量达到相对平衡的局面，这种局面将会促使世界和平。同时，多极化的政治格局能够保障各国经济的发展，进而提升各国人民的生活水平。在没有一个绝对强势的力量干预的情况下，在地区问题上，各个国家都能够平等地发出自己的声音，而无须依附于霸权，这将使各个国家能够平等地进行国际交往，各民族的独特文化也能够得以保留，而不会被同化。因此，从国际关系的大局上来看，多极化是有利的。

在苏联解体之后，俄罗斯曾一度渴望建立西方式的民主，但是后来它放弃了这种努力，转而开始努力维持自己的大国地位。俄罗斯的邻居中国，在实行了改革开放之后，经济水平实现了质的飞跃。因此在国际关系中，中国具有越来越大的话语权，在地区事务中也能发挥自己的积极作用。在欧洲已经实行了欧元体系，欧盟也经常作为欧洲国家的统一代表讨论对外事务。如今欧盟正在积极寻求建立自己的部队，逐渐摆脱对美国的军事依赖。虽然世界的多极化格局是美国不想看到的，但是这一趋势并不会因此而后退。世界的多极化格局已经形成，并将持续。

如今美国所面对的局势并不是一个独立的新兴国家或者新兴经济体，而是遍布全球的若干新型国家。作为全球最大的新兴市场国家联盟，金砖国家具有很大的经济潜力，并且经济增速是发达国家经济增速的三倍以上。金砖五国中，除了南非之外，其余四国都位列世界十大经济体，这几个国家在未来仍然会持续增长，将会成为美国的强劲对手。

同时，越南、印度尼西亚、南非、土耳其和阿根廷组成了展望五国。这个国家联盟的成员，经济增长潜力也十分巨大，它们的经济增长率要远远超出全球经济增长率。而由巴基斯坦、埃及、伊朗、韩国等国家组成的新钻十一国代表了另一批新兴力量，和金砖国家相比，它们的经济总量虽然不大，但是具有很大的发展潜力。这些国家在近年来经济不断发展，在国际事务中的话语权也不断提高，它们使美国疲于应对，奠定了世界多极化格局的基础。

世界多极化出现的标志，是在全球范围内出现了很多政治权力中心，并且它们的实力能够达到相对的平衡。虽然政治格局的形成，并不是一朝一夕的事情，需要相当长的时间积累力量，但是一超多强的多极化新格局已经成为定局。美国、俄罗斯、中国、欧盟和日本成为全世界五个最主要的政治力量，它们共同构成了如今的世界政治格局。

在一超多强中，作为超级大国的美国，仍然具有最强的经济和军事实力，但是其他国家正在不断缩小与美国的力量差距。虽然想要迎头赶上或超过美国，恐怕还需要一段相当长的时间，但是这种趋势却无法避免。欧洲成立了欧盟之后，又实行了欧元体系，在政治联盟的基础上又形成了一个几乎统一的经济体。中国已经超过日本，成为仅次于美国的全球第二大经济体，并且经济增速仍然保持稳定。在军事方面，中国的军事实力在近年来也不断得到加强，成为亚洲地区一支不容小觑的力量。美国在亚洲积极布局，联合日本和韩国作为盟友，试图遏制中国的崛起，但是效果似乎并不明显。俄罗斯近年来经济水平发展虽然不尽如人意，但是仍然具有十分强大的军事实力。美国的经济增长十分缓慢，在其他国家力量不断增强的情况下，美国对全世界的影响力正在被逐步削弱。

在美国本土遭受战后最严重的恐怖袭击，也就是“9·11”之后，美国政府出台了先发制人的战略。这个政策的本质是实行单边主义，以美国的绝对军事实力为后盾，打击任何美国认为可能的目标。在这一政策的指导下，美国先后主导了阿富汗战争与伊拉克战争。这些战争不但导致了地区冲突的不断加剧，也让美国的单边主义本质暴露了出来。而在当今世界，国际协作远比单打独斗更加重要。国家联盟和各种地区事务组织成为处理国际问题中的重要主体，并将在未来发挥越来越重要的作用。

在“二战”结束之后，因为世界各国都在战争中蒙受了巨大的损失，因而各国联合在一起，形成区域一体化联盟成了一个新的趋势。这些联盟取消了区域内的各个国家之间的贸易壁垒，使它们之间的贸易成本降低，进而形成了共同的市场。在经济实现基本统一之后，这些联盟在政治上也开始一致对外，它们具有相同的安全诉求，因此以联盟的形式对外展开谈判并处理国际事务，能够得到更充分的话语权。这些政治联盟中的典型，是东南亚国家联盟和欧洲国家联盟。与之类似的是阿拉伯国家联盟，这些阿拉伯国家形成了一个松散的组织，在经济政治和军事上展开广泛交流，并且在国际事务中为广大阿拉伯国家谋求福利。

这些区域性组织实际上就是各个实力弱小的国家合成一个整体，形成一个政治上强势的集体，在当今的世界政治格局中发挥着独特的作用。欧盟是欧洲国家一体化的成果，成了政治和经济结盟的典范，是一个强有力的政治团体。但是在欧盟内部，经济危机不断加深，一些欧盟成员国还有严重的债务危机，因此一些国家也考虑退出欧盟。但是如果要成功地解决这些危机，欧洲除了继续深化一体化改革之外已经别无他路。

欧洲国家联盟是建立在欧洲共同体的实践基础上的，它为其他政治结盟提供了可以遵循的经验，并且推动了世界各地的一体化进程。在欧盟成立之后，另一个具有重要意义的地区国家联盟——非洲国家联盟也成立了。这个联盟包括了非洲的绝大多数国家，争取实现经济和军事的深入合作，并且想仿照欧元，推出非洲联盟的统一货币。在政治上，这些国家也想结成一个强有力的统一政府，全面管理整个非洲事务，为提高非洲在国际上的政治地位而努力。

从以上这些我们知道，世界政治格局向前发展，就必然会呈现出多极化，这才能让世界各个地区的人民按照符合自身利益的道路发展，这种局面不但能让世界变得更加和平和稳定，也能够使很多国际问题的处理变得更加民主与和谐。但是我们也应该注意到，作为世界上唯一的超级大国，美国势必不想看到其他政治力量的崛起。因此，国际政治的发展是一条曲折向前的抗争道路。在21世纪的相当长一段时间里，霸权与反霸权仍将继续斗争。世界多极化的格局已经显现，需要靠全人类的共同努力使这种局面得到保持。未来，世界必将是丰富多彩的。

所有人类是一个命运共同体

人类是具有社会属性的高级动物，因此人类如果想要生存和发展就需要社会的帮助，需要和其他人相互合作。只有和他人具有一种共生关系，人类才能够拥有完全的社会属性。人类之所以能持续不断地生存在这个地球上，首先需要创造物质条件，收集和制造生活资料。这个收集和生产的过程，就依赖于这种人与人之间的合作关系，人类社会也因此出现。在漫长的人类历史中，社会结构不断发生变化，人与社会的关系也一直在发展。人类不但要满足自身的物质需求，还需要不断制造更好的工具，通过更努力的劳动来满足自身的这种需要。人类的需要是不断向前递进的，因为人类永不知满足，所以人的社会关系也一直是在递进的。

在社会发展的进程中，人们不断发挥自身的创造性，不断建设和完善各种制度，实现了社会的巨大变革，同时，人类的生产活动对社会的发展起着决定性的作用。如果人类要持续不断地繁衍下一代，就不可能停止生产行为。而生产行为越来越依赖人在社会中扮演的角色和人与社会之间的关系。生产活动一直在持续，因而社会关系也得以发展。既然人类一直在追求满足自己的物质生活，也一直在扩大生产，这两种行为就共同形成了人类社会的基础。在这个社会中，所有人的命运都是联系在一起的，是一个完整的命运共同体。

人类社会的科技一直在向前发展，而人的需求也永不停歇，所以更高级的人类文明需要把这两种情形更好地结合在一起。有些时候，随着科技的发展，人类会产生一些之前从未预料过的新需求。例如，随着医学水平的提高，人可以改变自己的外貌，人对外貌的追求也反过来促使了医学水平的进一步提高。如果科技在现有的道路上进一步飞速发展，在未来，我们甚至可以选择成为自己喜欢的那一类人。无论你喜欢什么肤色、怎样的样貌，都可以根据自己的要求随心定制，甚至连性别都可以改变。只要人类存在这种需求，并且有能够支持这种需求的科技，上面所说的这些研究将不再是幻想，而是可能发生的事实。

文化是人类区别于自然界中的其他动物而独有的，在世界的各个地方，人类创造了不同的文明和文化。根据不同的文化，我们甚至可以区分出使用这种文化的人来自哪里。但是在未来对文化的追求将不受地域的限制，每个人都可以按照自己的选择去学习并适应各种文化。不同的语言不再是交流的障碍。随着科技的发展，人与人之间的语言将可以通过随身的智能设备进行即时翻译，因此，来自世界各地的人们可以自如地交流。目前英语仍然是在公共平台中使用最多的语言，因此在未来相当长的一段时间内，英语仍然是工作平台中被使用最多的语言。但是人们会拥有更加便利的学习条件，也更容易学习其他语言。随着科技的发展，不同地方的人的生活习惯也会发生变化。一些地方的人因为体质原因而无法享受某些食物，但是这种情况在未来将不会发生，科技会让所有人都有享受美食的机会。

也就是说，在过去区分不同人种、不同国家、不同文化的各种标志，在未来都不再是固定不变的。如果一个人愿意，他可以成为他喜欢的另一个地方的人。在这样的基础上，建立在共同文化和共同信仰之上的国家将会逐渐消失。宗教和科学也将不再矛盾，虽然科学能够证明宗教中的一些事迹是不存在的，但是却无法取代宗教带给人的心灵上的慰藉。宗教能够帮助人们解释一些终极问题，比如，人从哪里来并将到何处去？虽然科学能够更好地解释这些问题，甚至能够清楚地告诉人们未来将向何处去，但是对人的灵魂安慰是宗教独有的价值。宗教在某种程度上能够使人免于痛苦，并且在绝望中仍然充满希望。人类对艺术和一切美好事物的体验也会逐渐变得相似，因此宗教和艺术将会在未来成为全人类的精神慰藉。

在未来的高级文明社会，具有良好的秩序，因此全世界的商品市场都连为一体。全世界的经济体需要共同面对机遇与挑战。在这样的统一经济体面前，传统的国家将变得不再起作用，加上前述的文化趋同，因此在未来可能不会再存在世俗意义上的单独国家，全世界将整合为统一的国家。这将形成一个全球性的政府，管理世界范围内所有的经济活动，制定通观全局的金融政策。这也让人类面对共同存在的问题时变得更加强大，能够使用的手段也更多。

因为没有国家之间的利益分歧，许多能够造成人类社会毁灭的武器都将成为历史，全人类将团结在一起，剿灭一小撮恐怖分子。对于气候变化和环境恶化以及化石能源的枯竭，人类将共同解决。现在的经济发展带来的温室效应愈加严重，这将给全人类带来恶果。在未来相当长的一段时间内，人类的持续发展仍将继续，因此环境的恶化在短期内是不会改变的。但是如果要解决这个问题，只靠单打独斗是不行的，必须要有一个能够支配全世界的政府才能够实行。

人类社会现在的文明是建立在对资源的消耗上的。从18世纪工业革命爆发以来，文明程度不断提升，工业水平也不断提高。各种机械和驱动它们的能量，奠定了我们今天文明的基础。甚至可以说，能源就是我们当今文明的基石。在发现其他可替代资源之前，现有的能源能够为人类社会提供的能量仍然是要占据绝大多数的。但是我们应该注意到，化石能源不可再生。因为化石能源是远古生物的残骸经过相当漫长的时间才形成的。但人类能够预见到的未来，这种资源将不会再次产生。因此，虽然化石能源的储量巨大，但是总数是有限的，总有被用完的一天。虽然从20世纪以来资源枯竭的预言就不断上演，但是这一天变得越来越近，也越来越现实。我们急需寻找下一个可替代的能源，来解决人类社会急需的能量问题，这也是人类今天面对的最大挑战。

在未来的文明中，有可能国家以及民族的意义都逐渐消失了，人与人之间反而拥有了更深刻的共同利益，所以人类也将面对共同的挑战。其实我们现在所处的国家也是民族的融合和小型社会的合并。比如，中国具有数十个民族，而美国是全世界最大的移民国家，它们都融合了不同民族不同文化的精髓，因而成了伟大的国家。以欧洲来说，在经过了数百年的对抗后，欧洲国家结合得愈加紧密，最终形成了欧洲国家联盟这样的共同体。这些经验都将为人类在未来的合并提供指导意义。在20世纪，人类已经成功建立了很多合作组织，并且在磨合中逐渐相互信任，这为未来的全球政府提供了坚实的基础。

如果按照现在的科技发展趋势来进行想象，那么未来能够对我们的生存造成挑战的将是地球本身的承受能力。地球的资源将会被我们消耗一空，在空间上也将被我们全部占据。现在的计算机处理器是以硅为基础的，根据摩尔定律，每隔18个月在同样大小的硅材料上能够拥有的集成电路数量将翻一番。如果摩尔定律在今后继续起作用，那么只需要几十年的时间，计算机的计算能力就能赶上人类的大脑。在这样的条件下，人类大脑可以和计算机实现兼容，甚至能够把大脑中存储的各种信息和记忆转移到计算机上。人类在今天已经可以通过科技手段让残疾人佩戴的假肢受意识的控制，完成各种动作。在未来，随着科技的发展和仿生学技术的提高，机械就能做到人类能做的大多数事情。如果我们能够更加了解自己的大脑，那么之前所说的大脑与机器人兼容就变得十分可能，计算机将作为人类大脑的延伸。

人类的寿命是有限的，因此大脑的寿命也是有限的，但是如果大脑能够与计算机相结合，那么大脑的寿命几乎就是无限的。这样一来，生命的意义甚至也会发生变化，如果大脑的寿命变为无限的，那么本质上来说人类的寿命也将无限延长。如果人类的数量不再减少而将持续增加，那么地球上的资源和空间都将在未来的某一天，无法承载人类的数量。到那一天人类就会寻找另一个家园，就像人类的祖先当年从森林来到草原，又从非洲大陆走向全球一样。人类面对自然界的挑战从未停歇，进取心也从来没有消失。这种对未来的追求才是人类文明发展的基石和动力。虽然人的本质是动物，但是人类因为自己创造的一切，使自己与动物完全区分开来。

从我们的祖先那时起，人类先后创造了非凡的文明和艺术。人类的血液中流淌的是永远向前进取的动力，对一切事物的好奇心，以及无与伦比的创造力。这些元素共同使人类进化成为这个星球上唯一的智慧生物，并将在未来长期统治地球。在未来，人类仍然不会停止追求和创新的脚步，我们还将共同面对茫茫的宇宙，试图重新建立一个人类的新家园。全人类将会团结在一起，形成一个牢固的命运共同体，共同追求人类的未来。让我们拭目以待。

第三章

个体的未来

虽然科学的进步带来了生活水平的提升，但是人类因此而感到更加幸福了吗？答案是否定的。

人类将会向哪里进化

地球上的生命不断向前进化。有的生物兴起了，有的生物灭绝了。在地球从诞生之日起至今的全部历史上，能够查明的生物大灭绝就发生了5次之多。在这5次生命大灭绝中，大部分生物灭绝了，但是还有些生物经历了灭绝之后仍然顽强地存在着。时间越向前推进，诞生的生物就越复杂，也就是说，整个生命体系是在不断向上升级的。人类当然也经历了这样的升级，并且次数很多。这样的进化过程从未停歇，现在仍在进行，直到未来。

在人类的进化史上，曾经出现过很多人种。这些人种彼此融合——当然中间也出现过杀戮和灭绝——最后形成了我们如今的人类。不同人种的结合造成了基因的变异，这些变异带来了肤色、发色和眼球颜色的不同。如今，人类向前进化的速度比以前的任何时期都要更快。人类不仅能够控制人类本身的进化过程，还能够对其他物种造成极大的影响。有科学家认为，再过上一两代，就会出现一个全新的人种，科学家将他们称为“演化人”。

作为进化论的创立者之一，达尔文认为生命的进化过程不是一蹴而就的，而是渐变的；不是带有明确方向和目的的，而是盲目和随机的。在自然界当中，为了争取到稀缺的资源，所有生物都处在一场激烈的竞争当中。当一些生物偶然中进化或变异出了一种特性，使得它们能在竞争中取得优势，那么这些优势在数代之后就会保留下来，直至形成一个新的物种。但是通常来说，这样的进化都十分缓慢。只有当地球遭遇重大变故时，整个生态环境都发生改变，进化才会突然加速。

对于这一点，可以通过已经发现的化石来证明。在考古发现中，经常会有一个与之前年代的物种完全不同的新物种突然冒出来。起初人们认为这代表着进化的迅速，但是后来人们发现，结果恰恰相反。之所以这些化石得以保留，正是因为地球环境发生剧烈改变造成的。而那些在两个物种出现之间的漫长岁月里，因为地球生态的循环作用，导致大部分生物无法留下存在过的痕迹。所以，进化的整体过程仍然是缓慢和平淡无奇的。

进化过程和个体的寿命相比十分漫长。虽然有些个体出现了明显优于同类的变异，但是要想让整个物种都获得这种优势，仍然需要很多时间。这个过程需要大量的时间，这是进化要遵守的原则。但是在过去的数百年中，这个原则逐渐有被打破的趋势。随着科学技术的快速发展，很多进化过程因为人的干预而加快了速度。也就是说，人类已经创造了让进化变快的条件。例如，人类可以筛选和改造生物的基因，这种技术创造出来的，已经可以说是一个全新的物种了。

在科技发展的背景下，人类最终会让自身呈现出一个怎样的新面貌呢？也就是说，人类会进化成什么模样？我们可以通过人类的身高和体重变化来举例说明。身高和体重能够作为衡量人类健康水平的标准，很好地体现人类受环境影响之后所能达到的模样。通过研究，科学家们发现，在过去的3个世纪里，人类的身高和体重平均增加了50%以上，平均寿命也达到了3个世纪前的两倍。这样的结果带来的就是人类更加强壮，因而能够更好地工作，带来更多的产出，并且将工作的结果进一步利用在提高人类的整体素质上。这是一个良性循环的过程，而这个过程是人类自己创造的。

在地球生命整个进化历史上，甚至与人类本身诞生和进化的时间相比，3个世纪都是一个十分短暂的时间。所以从这个角度上来说，影响人类进化的因素除了传统理论中的自然选择之外，还包括了人类的主动选择。因为科技的发展，让人类拥有了改变周遭的生存环境的巨大能力；人类不但可以生产出更多的粮食喂养更多的人，还大力发展了医疗技术，提高个体的平均寿命；人类还改变自然环境，使之更加适宜人类生存，这些都是过去进化过程中不具有的条件。环境的改变和个体的变异，都曾经需要漫长的时间，但是因为科技的发展，人类已经可以不需要等待太久的时间了。

人类刚成为一个新的物种出现在地球上时，他们的寿命并没有比自己的祖先长出多少。因为环境的恶劣和竞争，以及食物的不充足，他们平均只能活20年左右，和大猩猩差不多。这个寿命直到20世纪之后才翻了一倍，这个过程经历了长达数十万年。但是进入20世纪之后，科技呈现出了爆炸式的发展，这使得人类的平均寿命得到了大幅提升。在这之后的100年中，人类的平均寿命又比从前翻了一番，达到了80岁。这样的进化速度完全脱离了自然选择的过程，而纯粹是因为人类自身的干预造成的。

人类现在的体格也是自身干预的结果。因为对环境的影响和工作性质的改变——毕竟我们从前主要从事农业，需要经常在地里干活儿——人类的体格出现了相当大的变化。在不必从事繁重的体力劳动的基础上，又能得到充分的能量，让人类的身高和体重不断增长。通常来说，每一种生物都在和它所处的环境发生着相互作用，在自身发生改变的同时，也影响着环境。但是因为这样的改变通常是微弱的，所以尽管是持续不断的，但是仍然需要经历数代的时间才能带来一个明显的进化结果。与之相对的，如果一种生物在每一代进化过程中都对环境造成了巨大的改变，那么这种改变回馈给生物本身的改变也将是巨大的，这样就会加速进化的进程。

举例来说，在电子计算机行业有一条著名的摩尔定律，也就是说，计算机处理芯片上的集成电路数量，每隔12~24个月，就会比之前增加一倍。这个定律不但出现在了计算机制造行业上，而且已经大规模蔓延到所有相关的信息科技领域。无论是网络技术还是我们之前提到过的人工智能，都服从这个定律。所以随着一种新技术的不断发展，价格会越来越低，而性能会越来越强，带来的好处不言而喻。

同样给人类带来巨大好处的是对人类自身的研究。从20世纪90年代，科学家们开始了人类基因组计划。这个计划的内容是把人类所有的基因序列全部测定一遍。在计划开始的时候，要完成这个测算过程，需要花费30亿美元。这个数字是如此庞大，因此不可能由每个个体单独负担。但是只过了10年的时间，完成这个测算的成本就降为了原来的1/10。另一个10年之后，这个数字变为5000美元。只过了两年，再次降为1000美元。如果按照这个速度，下一个10年的时间里，基因测序的成本将会跌为10美元左右，这是几乎每个人类都能够承受的价格。如此一来，传统的医疗将会发生显著的改变。从针对群体的标准化治疗，发展到针对每个人的个性化治疗和预防。这样的改变将会怎样影响人类的整体素质和平均寿命，是可以想见的。

人类的大脑也在向前不断进化。虽然据我们所知，人类的大脑可能尚未达到完全开发的状态，但是有证据表明，人类越来越聪明。其中一个原因是，我们现在接收的信息是巨量的。和过去相比，我们现在每天接收到的信息，几乎都等同于一个人在过去的一生中能够接收的信息总量。当我们在处理这些信息时，我们其中的一些人做出的反应可能就会完全不同。这种巨大的信息处理压力可能会让某些人的大脑发生奇妙的改变，而这种改变甚至能够成为一种遗传优势。这样的个体仍然不多，对于这些人，我们有一个独特的名词：天才。我们过去总在讨论，天才是否是孤独的，但是通过人类对自身的精准控制，天才甚至可以是代代相传的。

更加激进的是，我们现在不但能在医疗方面实现个性化的精准治疗，甚至能直接“制造”一个新的人类。就如前文所述，如果我们获得天才之所以成为天才的代码，也就是巨量的信息处理能够带来怎样的改变，那么我们就甚至能够批量地制造天才。想象一下我们周围到处都是爱因斯坦或者费曼吧。在可以预见的将来，我们就能够定制一个胚胎的性别、肤色甚至个性。从这一点上来说，人类似乎已经可以制造出一个新的物种。在过去，人类已经有意识地改造了很多与人类日常生活相关的生物，比如对家畜的驯化。已经驯化了的家畜和它们仍然在野外生活的同类几乎已经无法交配并产下后代。对于人类来说，似乎也能预见到类似的结果。那就是随着科技的进一步发展，人类未来进化出的后代，可能与我们完全不同。是的，他们可能会成为一个全新的物种。

有科学家认为，这种改变出现的时间不会太晚。最早在一两代之后，我们就能看到这个全新的人类物种的出现。这个物种代表着人类进化的终极方向，他们不但能够改变环境，也能够随意改变自身的组成部分。或者说，这种全新的人类和机器有些相似，都是由零件组成的，可以通过精确地替换零件来实现个体的改变。虽然这种说法听起来好像是天方夜谭，十分有科幻小说的意味，但是实际上这并不是痴人说梦。人类已经在生殖方面基本实现了优生优育，那么控制每一个个体的发展理所当然地成为了下一个目标。

但是事实真的有这样简单吗？答案是不一定。人类的基因测序与从前相比虽然简单易行了很多，但是从本质上来说，人类的基因组依然足够复杂。想要改变某个组成部分所涉及的基因数量都是一个庞大的数字，而在改变这些基因的过程中，一个极其微小的错误就会造成难以估量的风险。进一步来说，因为错误的不确定性，导致的风险结果也是不确定的，也就是说，我们甚至可能无法发现一种改变究竟会带来怎样的结果。或许一项改造计划原本的初衷是增加人类的智力，但是可能带来的结果是神经损伤或者记忆缺失，甚至造成躯体机能的严重损害。

目前，地球上仍然只存在一个人类物种。我们对于另一个更为高级的新人种，尚未有一个统一而明确的标准。对于人类未来应该达到怎样的一种进化程度，科学家们的观点也不尽相同。但是可以相信的是，人类一定不会停下自身进化的脚步。在未来，人类可能会进一步完善个体的素质。比如说，我们会更好地培养下一代，但是这种培养——或者说改造——并不是由全人类统一进行的。我们仍然需要个性化，以每个人为中心来进行思维和创造力的提升和进化。所以，人类的发展仍然是具有多种可能性的，而不是一个统一而失去活力的物种。

还有可能，人类最终进化的结果，就如同人类对其他生物进行的培养和驯化一样，出现一种在生物学角度虽然相似，但是无法产生后代的“新人类”。这些人类的变异个体因为无法和现有的人类繁殖下一代，所以会向自己的方向进化。人类的分化过程将会从此开始。或许我们在未来能够见到越来越多的新人种不断诞生，就好像是在久远年代之前的寒武纪那样。那个时候，地球上出现了生命的大爆发，而人类的祖先，就诞生于此。

基因可以改造吗

人类的科技水平在不断提高，医疗技术也随之有了很大的改观，人类的平均寿命已经得到了大幅延长，身体也变得更加健康。那么在未来，人类是否能够变得足够强壮，以至于可以战胜疾病，战胜痛苦和死亡呢？在未来，我们是否能够发现治疗疾病的良方，从而在根本上杜绝患病的可能，一直保持健康呢？或许和我们想象中的相比，这一天能够更早到来。到那时，我们将会重新认识自己。

未来，随着科技和医学方面的发展，我们和我们的后代的未来将可能被重新设定。对基因的研究以及基因工程上的革命，将会让未来变得完全不同。人类到时将完全有能力彻底地对自己的身体进行改造。例如，随着克隆技术的发展，已经出现了很多争议的声音，其中大部分是关于克隆人是否道德、是否有违伦理的，这种引发争议的事件将会变得层出不穷。人们之所以会提出问题或者产生恐慌，大部分原因在于，我们在过去是无法想象人类能够在基因层面进行操作，从而改变一个人的遗传信息的。这种事情已经超出了人类日常遵循的伦理道德的范畴，而且改变一个人的基因显然要比搭积木游戏难得多，不可能随便加以实施。

基因技术的发展目前还处于起步阶段，有可能在未来的20年里得到完善，并产生巨大的影响。如果我们拥有足够的想象力，再结合先进的科技手段，就能让人类世界彻底改变。让人类能够保持健康并且寿命大大延长，并非一个可望而不可即的事情。如果有一天科学家发现了基因中蕴含的真正秘密，就会让人类进入崭新的领域。

人类对自身的研究才开始没多长时间，但是一些科学家在很早以前就相信，人体一定不会是不可改变的。如果一个人对自己的某些部位存在不满，那么他就可以重新设计并改变身体。现在，我们已经有了人类基因图谱。凭借这幅图谱，我们就能够有意识地改变基因的结构，通过改变基因来改造人。无论是已经存在的活生生的人，还是尚未出生的、正在发育阶段的胚胎，都可以通过修改基因来加以改造。这种像上帝一般对生命进行直接操纵的行为，是引发争议的焦点。

但是人类是一种能够适应变化并重塑自己道德的智慧生物，因此，即便是在研究开始的早期我们可能脱离了道德的范畴，用不了多久就会被人类社会重新扳回到正确的轨道上。现在的人类虽然比刚从树上下来的时候有了一些进步，比如躯体的协调性增强，脑容量也有了很大的增长。但是从根本上来讲，我们并未比几千年前，甚至几万年前的人类高级多少。但是如果我们能够应用基因来重新编写自己的遗传信息，那么有些改变就将不只存在于想象中。

有些人可能生来就是足够完美的，但是任何一个人——请注意是任何一个，在生命的过程中都难以避免地会遭遇各种疾病的折磨，而有些疾病将会让完美之人也产生缺憾。我们之所以研究基因，就是想从构成人体的最基本的层面入手，重新设计人体。这将会突破现有的生理极限，让人类变得更加符合自己的要求，也就是某种意义上的更加完美。

如果把人比作一台电脑，那么人体中的基因就好比是电脑中的软件，它们都在机体中起着各自的作用。如果其中的一些软件出了问题，人就会生病。数千年以来，这些软件都没有再更新换代。虽然它们仍然能够胜任大部分工作，并且彼此配合默契，但是仍然需要升级。只有软件进行了升级，整台电脑的性能才能实现大幅的飞跃。虽然更新人体的软件比起升级电脑要复杂数十万倍，但是只要我们对基因的研究取得了突破，一切就都将是可能的。现在，基因工程药物方面已经取得了初步的成果，成为我们下一步研究的突破口。

如果想改变人类的面貌，也就是说，让他看起来和现在的人类不一样，那么就需要在胚胎发育阶段就加以干预。如果这个设想能够成为现实，那么人类将会从本质上发生改变。当你想要设定一个完美的人，就可以在受精卵发育之前开始着手改变。想让孩子未来在体育方面有所建树，就可以提高他的运动能力；想让他具有艺术才能，就可以提高他对艺术的感知能力，总之，人类可以尽情想象一个完美的下一代，并通过基因的改造而得到他。现在我们已经能够有意识地选择和改变的，只是性别的转换，但是在将来，一切皆有可能。

人类现在就可以展开想象，因为这一天距离我们并不遥远。如果我们愿意，就能让下一代像超人一样强壮并且无所不能。虽然现在还做不到这一点，但是这样的未来让人十分期待。不过很多人并不认为这是一个好主意，他们的观点在于，每个生命都有他独特的运行轨迹，不应该用人为的方式去打扰和干预。如果每个孩子还没有出生就已经被打上了标签，这对他们是不公平的。人类社会中一直鼓励通过个人奋斗去实现自我价值，但是如果一个孩子在出生时就已经被设定好了未来的人生之路，则无异于给他套上了一个枷锁。人生之所以精彩，正是因为有无限的可能，但是基因改造会破坏这种可能性。

不过这将是一个两难的假定。或者说，我们做出的每种选择，都未必被下一代接受。如果你为他设定好了人生路线，他们可能会问：为什么选的是这个而不是另一个？你怎么知道我对另一个不感兴趣？但是如果我们在拥有这种技术的时候什么都没做，他们也可能会问：为什么你不对我进行强化？我和别人相比简直太弱小了，你并不爱我，是这样吗？所以说，很难讨好所有人。人类之所以能够发展到今天，是凭借自己的力量来不断适应环境和改造环境带来的。面对已经发生了巨大变化的自然环境和社会环境，难道我们不应该做点什么来让后代更好地适应世界吗？

我们未来将会面临一定程度的挑战。这种挑战存在于两个方面：一个挑战是技术的问题。一种新技术刚诞生时，必然存在失败的概率，这可能会造成改造的失败，甚至是创造出一个我们不想见到的怪胎来。这会带来一定程度上的失望甚至是恐慌情绪，会阻碍新技术的推进。但是假以时日，当技术的难关被攻克，不可控的问题将会减少，最后被彻底杜绝。

另一个挑战则更为严重。因为这项技术仍然属于高端技术，所以在没有大规模普及之前，势必只能应用在少数人的身上。这可能会造成人类社会的分化，一边是传统人类，一边是经过基因改造的人类。被改造的人或许会联合在一起，形成一个新的阶级。他们会认为高人一等，居高临下地俯视传统人类。而另一边，传统人类为了对抗这种歧视，也必然会团结在一起。这两个阶级将会出现裂痕，基因改造一天不普及，这个裂痕就将持续扩大，造成严重的社会问题。这是一个值得我们现在就开始思考的问题，那就是谁来决定、谁有资格接受改造，以及如何避免社会的分化。

还有克隆技术的发展。人类已经能够克隆出哺乳动物，这是非常大的进步。多莉羊对全世界来说，具有深刻的意义。对科学家来说，它代表克隆技术的突破，意味着我们能够凭借自己的手来创造生命，甚至可以这样说，人类已经获得了上帝的能力。对公众来说，则是对未知的恐慌和畏惧。这种技术如果应用到人类身上，是普通人不能也不愿意想象的。对于未知的事物，在没有看到足够多的好处之前，我们首先是持以谨慎的态度的。

克隆人现在还是不为人类社会接受的，因为这将造成无法解释的伦理问题，也违反了基本的人权。克隆技术虽然能够完整地复制一个生命，但是它将只具有相同的外表和组织结构，至于具有怎样的性格，还是和生长环境息息相关的，不一定与复制的本体完全一样。或者说，一种比较可能的发展路径是，克隆人只具有我们选择好的一些生理特征，至于其他方面的发展，仍然会遵循自然的逻辑。

关于克隆的争议虽然存在，但是难免会有很多现实需求。比如一对夫妇已经丧失了生育能力，但是他们唯一的孩子死于意外事故。他们强烈希望拥有一个孩子，而且最好还是原来那个——即使他们知道这只是看起来长得一样。如果这是这对父母的愿望，而我们恰好具备这种技术，我们应该满足他们吗？这也是值得思考的。

基因工程已经进入了攻坚阶段，无论我们如何担心，人类能够重新设计自己的那一天都终将到来。这是科学发展的趋势，不可阻挡。就像100年前的人们无法想象今天的生活一样，我们可能也无法完全预知未来是什么模样的。但是有一点可以确定，那就是未来的人类将会变得完全不同。我们现在已经获得改变这一切的钥匙，那么我们能做的，就是转动门锁，打开这扇门，为人类迎接一个更美好的未来。

还记得我们不断强调的吗？人类永远不会停下探索的脚步。人类是永不满足的，正是这种不满足才造就了今天的世界。所以，挑战和改造自然才是人类的本性。虽然我们做任何事情都要符合自然的规律，但是也不应该忘记，只有不断地进化才是人类的宿命。文明将会一直进步，我们在发展科技的同时也应该承担起对全人类的责任。有一天我们的视野将会拓展至现在无法看到的疆界，那时的人类将会凭借自己的美好心灵做出正确的选择，让人类的火种不断，能够更好地生存在这个世界上。

生理的极限能够被超越

人类之所以有别于自然界中的其他动物，成为这颗蓝色星球的主宰，很大程度上是因为人类懂得怎样使用工具。通过制造和使用工具，人类得以克服自身的弱点，从而突破作为动物本身的生理极限，在自然界中所向披靡，这是人类具有的最为显著的特征。我们之所以能够不断向前发展，也全因为对于突破极限的渴望。也可以这样说，我们是永不知足的，因为人类的天性如此。

人的本质究竟是怎样的呢？在人类发展的漫长历史长河中，进入文明社会才只有很短的时间。在史前时代，人类从诞生之初到文明出现的十几万年岁月里，绝大多数时候都在草原或森林里捕猎动物，或是采集种子和植物。我们的大脑和身体也因此做出了相应的改变和适应。人类的身体不是很强壮，要想捕捉猎物，就需要变得更聪明，因此大脑容量不断扩大，最终达到今天的水平。人类还学会直立行走，解放了双手，这样就能够制造和使用工具，甚至武器。

但是当进入了文明时代，随着文明的进化和科技的发展，我们如今面临的环境已经背离了把身体和大脑发育成现在这样子的初衷。通常来说，我们无须亲自耕种粮食，更别提狩猎动物了。打猎活动在某些国家——例如英国，已经成了贵族才能享受的运动。当我们要传递一个消息时，也无须翻山越岭、长途跋涉，只要打开电脑或者手机之类的移动设备，通过互联网，你就能和全世界链接在一起。人类用来对抗和适应自然的生理特征，现在已经逐渐失去了原本的功用。

举例来说，当人类刚刚和他们的灵长类朋友分开，从树上下来到达草原时，他们面对的是和过去完全不同的景象。草原上不再有树冠遮蔽太阳，因此为了让身体更加凉爽，我们的祖先脱去了浓重的体毛，只在关键部位保留了一些象征意义大于实际意义的毛发。早期人类只能吃植物，但是后来能够捕猎动物，因此从素食向肉食转变。肉类纤维不像植物纤维那样粗大，所以人类原本拥有的巨大臼齿也退化了。

过去人类经常会吃不饱肚子，因此练就了一身节能的本领。人类能够通过自身的调节，更好地储存热量，以便在食物短缺的时候能撑过更长时间。但是现在，大部分人类早已不必为食物发愁，甚至出现了高脂肪与高热量的快餐食品。人类的储存能量机制没有来得及随环境发生改变，因此糖尿病人和高血脂、高血压病人不断增多。另一个问题在于，人类在过去的生活范围十分有限，可能终此一生都不会离开自己所属的部落或社群，所以他们适应的都是当地的病毒或细菌，也会产生相应的抗体。但是现在，地球已经成了一个村子。地球这一端的人可以在24小时之内到达地球的另一端。科技带来便捷的同时也带来了疾病的扩散和传播，一种陌生的细菌能够轻易突破不具备抗体的人类的免疫系统，造成疫病的流行。

如今的整体环境和人类已经适应了许多年的环境，发生了翻天覆地的变化，而且这些变化几乎都是在最近的几百年中发生的。从工业革命开始到现在，人类社会经历了爆炸式的发展，一切都和过去不同了。那么为什么会产生这种现象呢？大部分原因在于，人类乐于制造工具来帮助提高自身的生活质量，且从来不易满足。因此，人类的智力不断提高，寿命也不断延长。如果说早期的工具都是有形的，是可以通过材料来描述的，那么现在人类依赖的最重要的工具是无形的，是只能通过语言和符号来描述的，这就是科学。科学为人类的发展提供了巨大的帮助，具有深刻的指导意义。我们靠科学征服了很多人类的极限难以达到的领域，也克服了许多在过去足以带来灾难的疾病和困难。

人类发达的大脑带来了巨大的优势，这一优势让人类在自然界中独占鳌头。大脑不仅能够让人类个体的智力大大提升，从而能够更好地适应环境，还让人类具有更加强大的社交能力。当占据智力优势的人类组合成团体，那么他们在自然界中就几乎没有敌手了。和其他所有灵长类动物相比，人类在社交方面更具智慧。因为大脑的社交属性，人类直到今天也可以通过它来和他人进行联系，分析和判断出哪些人能够成为朋友或者帮手，而哪些人对自己存在威胁，这都是漫长的进化带给我们的本能。

当今时代，我们面临的环境和过去相比发生了太大的变化，以至于人类现在没能及时适应环境。无论是肉体还是大脑，我们具有的特性都是用来适应过去的旧时代的。人类的很多习惯，都源于早期风餐露宿的生活，因此，我们需要再次进化和调整，以适应不断发生改变的新生活。要知道，未来的变化会更加巨大，也更加快速。

人类的天性之一就是打破束缚，挑战环境，甚至挑战自己。人类之所以能够不断进化，正是因为敢于和善于突破固有的极限。人类作为一种灵长类动物，本身是有很多局限性的。但是人类打破了窠臼，创造了科学。科学这一无形的工具帮助我们发明了自然界中原本不存在的很多东西。比如人类最开始只能通过捕猎和采集获取食物，正是那些敢于钻研的早期科学家们驯养了家畜，培植了种子，使人类更加容易获得食物，从而过上了定居的生活，文明也因此产生。

科学虽然带来了很多改变，比如自然环境和人类的生活环境。但是对人类自身来说，科学带来的改变还远远不够多。诚然，我们今天能够治疗许多过去无法治疗的疾病，还成倍地提高了人类的平均寿命，但是人类的躯体仍然是那个算不上强壮的躯体。专业运动员们可以通过先天的良好身体素质和后天的训练达到更高、更快、更强的目的，但是普通人显然无法做到这一点。

因此，如果想要改变，我们就要突破旧有的思考方式。科学家们之所以会从事毫无乐趣的科研工作，而不是用进行科学研究和实验的时间来和人应酬或者自己娱乐，正是因为他们想对大脑做出改变。大脑的社会性决定了我们本能上会优先选择相对轻松的生活，但是通过突破自我局限，我们要学会思考，学会对乏味的东西产生兴趣。

想要突破局限，还需要我们开拓自己的想象力，来思考某些看起来并不存在的东西或者课题。例如，代表当今科学最尖端的量子物理学，就是一门无法想象的学科。我们人类中最聪明的一批人，都在研究这个领域。还有纳米技术，这种尺度无法用肉眼观察到，只能通过巨大的显微镜才能加以观察和操作。人类之所以能够思考、能够传递每一种细微的感受和感觉，是因为我们的神经系统中存在神经元和递质，这些也是眼睛看不到的，如果你能深入地思考，就可以通过其他方式来知道它们的存在。

和其他动物相比，人类具有无可匹敌的记忆力和分析力，能够记住过去曾经发生的事情，并能通过它们对自身或环境的未来做出预测。有了科学的帮助之后，这一能力得到了更加淋漓尽致的体现。但是有些时候，我们不得不面对一些从未有过类似经验的问题。比如，我们虽然知道板块的漂移运动，但是未来会发生什么呢？已经分离的大陆是否会再次合并呢？我们都知道地球到现在经历了五次冰河时代，那么下一次冰河时代将在何时来临？这些问题就需要科学的思考，通过建立模型来进行运算，并得出预测的结果。

人类的思维也存在局限性，一个显著的表现就是人类渴望马上得到花费的时间成本带来的收益。如果在今天得到10美元和明天得到11美元之间选择，大部分人都会选择今天——也就是当下——马上得到10美元。将这个例子推广和放大，我们就会发现在很多时候人类是急功近利的，与其需要耗费时间得到一个更好的东西，还不如现在享受一个并不是太好的东西。

如果我们无须用力思考，只是简单做出判断的话，或许会认为我们的思考能力并没有比我们处在新石器时代的祖先强多少。所以对于一些复杂的问题，可能会想通过上帝而不是科学加以解决。但是戏剧性的是，人类对于上帝的形象也是根据自己来创造的。如果一个人不善言辞，那么他脑海中的上帝同样不爱说话。对他来说，上帝是孤僻的，是自我的，是专注于和他一起解决“怎样使房子离开地面飞到天上”这样的问题的。人类漫长的宗教史中出现的所有神灵，似乎都不具备超出人类的思维能力。这些神灵都乐意接受高高在上的供奉，但是他们未必会愿意和黑格尔聊聊哲学，或者是和薛定谔谈一谈量子物理，说明一下他是否真的会掷骰子，爱因斯坦会很想知道这一点的。

事实上，人类要想再次突破局限，获得更大的发展，就需要依靠科学这件人类创造出的工具。人类已经靠科学完成了很多看似不可能的任务，在未来需要用它来完成更多。我们可以通过科学看到视力之外的物体，到达体力之外的距离，时间和空间都不再成为我们向前进的阻隔。如果你愿意研究科学，那么你就在挑战自己，并且可能也在挑战整个人类的极限。我们需要明白，在十几万年面对剑齿虎和猛犸时想到使用长矛的人，正是我们的祖先。我们要继承这些荣耀，用科学这把长矛解决更多的问题，改变自身的命运，这才是人类。

体力怎样实现与智力的平衡

人类作为智慧生物，从来都没有停下进化的脚步。虽然在文明出现之后，人类和过去相比出现了相当大的变化，但是从本质上来讲，即便是在最近的数百年间，人类仍然在不断地变化着。这种进化不再是从低等动物向高等动物的跨越式发展，而是面对不断改变的环境做出的适应和微小的调整。人类自从进了农耕文明，就不再受到环境的严重制约了，因此人类发生进化的主要动因都在于社会环境的改变。我们的大脑也在进化，这并非为了让我们变得更加聪明，而是更加适应社会。

从作为一种新的生物诞生之日起，人类的大脑就一直在扩大自己的容量，这种扩容的过程一直持续到了2万年前。这时的人类具有高达1500毫升的脑容量，在人类的进化史上达到最高峰。如今的人类脑容量没有这么大，但是仍然有1300毫升之多。减少的这些脑容量不至于让人类的智力降低。相反，随着环境的变化，人类的平均智力水平是一直在提升的。

人类如果想要变得更聪明，未必需要再次扩大大脑的容量来做到这一点。人类过大的大脑消耗的能量是如此之多，以至于我们在不需要运动的时候也要大量进食以补充能量。如果大脑继续扩大，它和它带来的神经系统的扩大，会让我们的身体不堪重负。大脑在最近的2万年中发生的变化似乎也印证了这一点。人类的脑容量虽然变小了，但是其中的神经元的连接变得更加高效，因此实际上智力不但没有下降，反而取得了一定的提升。

但是在智力水平不断提升的同时，我们应该警惕的是体力的不断下降。所以不用时刻保持对猛兽的警惕，也无须参加繁重的体力劳动，所以现代人类的体力水平和我们的祖先相比下降了太多。这不仅体现在劳动能力的下降上，也体现在生育能力的降低上。和20世纪30年代相比，欧洲男性的平均生育能力下降多达40%。这足以为我们亮起警灯：人类的体力退化已经如此严重，如果不加以重视，未来人类将可能面临人种灭绝的危险。

要知道，人类社会生活水平的提高，并非造成人类身体机能退化的罪魁祸首。科学的进步是必然的，人类不可能因为要恢复体力而重返原始社会。茹毛饮血的时代一去不复返了，我们要做的是更好地利用科学来提高整体的人口素质。在大脑进化的同时，人类仍然有必要保持体力的旺盛，因此体育锻炼是必不可少的。

当然，也有人认为人类的科技水平虽然在不断提高，但是智力水平却是呈现出下降趋势的。秉持这种观点的人的论据是，人类从单打独斗或小型群体的捕猎生活过渡到群体式的农业生活之后，由于不需要再和野外的猛兽搏斗或费劲采集植物，人类之间的协作也逐步加深，因此独立面对自然的情况一直在减少，甚至消失不见了。大脑需要考虑的问题的复杂性有所降低，智力水平也会因此降低。还有一种理论认为人类的体形和过去相比减小了，作为人体一部分的大脑当然也随之减小了。

但是很显然，很多从事人类研究的科学家不太赞同人类智力水平下降的说法。他们认为这不但是无稽之谈，与之相反，人类的智力有了长足的进步，并且这种上升趋势似乎看不到尽头，在未来相当长的一段时间里仍然会继续。在一项开展于30年前的实验中，通过对数十个国家的人类样本进行调查和分析后，科学家们发现，如果用智力商数（IQ）来作为衡量的标准，人类每年的平均IQ都会增长0.3分。30年时间过去了，这个实验的结论得到了充分的验证，现在的人类IQ和那时相比提高了9个点。

这也显示出一个有趣的情形，那就是智力的增长是匀速的，而非过去我们认为的爆炸式的。智力水平稳步上升，仿佛是受到了某种定律的影响似的。这也就意味着，每一个儿童在成年并组成家庭、生育下一代时，都会比他们的父母在同样年龄的IQ水平高出10个点左右。也就是说，每隔两代，智力水平都将提高30个点，这就相当于，我们的后代在自然生长的条件下，平均智力水平就能够达到我们这个时代最聪明的人的智力水平。未来的普通人，就是今天的天才。这也就能解释，为什么人类一直走在高速发展之路上，而且发展的速度越来越快。

那么，人类的智力进化存在边界吗？我们会一直变得更聪明吗？科学家们因此又进行了其他实验，并得出初步的结论，那就是人类的IQ提升似乎只体现在抽象思维的提升上。也就是说，在处理具体问题方面，智力的提升并不明显，只是因为环境的不断变化使我们能够更加快捷地理解事物。大脑本身可能没有变得更加高级，而是更具适应力，体现在生活中就是变得更加具有现代意识。在人类过去的漫长历史中，具象的思维更加重要。但是随着科技的发展，如何在具象中获得抽象的概念，并且让概念之间取得联系，反过来影响具象的处理，则是十分重要的。

如果一个现代人无法通过合理的逻辑思维来获得抽象的概念，那么他就是和社会脱节的，是无法适应社会的。一个思想实验非常有趣，它能够证明经验和抽象思维是多么重要。这个实验在俄罗斯进行，实验对象是那里的农民。农民们被问到，如果已知一个终年积雪的地方，所有熊的毛色都是白的，那么在终年积雪的北极，熊是什么颜色的。科学家们得到的答案非常出乎意料，因为农民们回答说，他们只见过棕熊。知道其他地方的熊是什么颜色的，对他们来说毫无意义。这就能够解释人类的思维是怎样发生变化的。如果生活环境不发生变化，那么人本身是没有动力去更新思维的模式和观念的。

如今的人类或许并没有比几百年前的先人聪明多少，但是思维方式一定发生了巨大的变化。这种变化在很多科学家看来，是从工业革命之后开始的。工业革命带来了整个人类社会的巨大变迁，无论是经济水平还是社会结构，都被完全改变了。因为工业技术的发展需要更多科学方面的研究，所以抽象思维变得更加重要。社会变革还带来了教育和知识的普及，更多人得以接触文化和科学，这种进步让人们的思维方式逐步发生了改变，并形成了一个良性的循环，这一循环直到今天仍在继续。

人均受教育的程度能够明显影响IQ指数。在IQ测试得分不断上升的同时，也应该注意到，当今人类受教育的时间和整体水平都大大好于从前。在过去，即便是在发达国家里，也不是人人都能接受教育，绝大多数人只在学校读完了小学，之后就开始工作或者学习其他生活必需的专业技能了。而现在，一半以上的人都有机会接受高等教育，获得更多知识。

影响智力水平上升的因素包括很多，即便是其中的一些因素发生了变化，其他因素也能保证智力不断提升。无论是家庭教育还是社会教育，都能让人类进步。所以就算有些时候人类社会中发生了一些自然灾难或者人为的祸患——比如战争，都无法阻止人类变得更聪明的脚步。20世纪发生了两次世界大战，人类不但没有因此倒退回原始社会，反而又爆发了两次工业革命，创造出了更多文明成果。所以从这个意义上来看，似乎人类的智力将会一直提升下去。事实真的如此吗？人类的IQ指数在未来仍然会按照现在的速度提升吗？我们虽然对这一点并不确定，但是能够确知的是，世界仍然会在人类的手中被改变。

事实上，很多事物之间是相通的，是可以互动的。就好像是20世纪的铁路，速度既慢，旅行的时候也不是很舒适。因为那时使用的钢轨制造技术低端，轨缝很大，火车行驶在上面会发出巨大的声音，简直把人震得要发疯。后来人们发明了无缝铁轨，也造出了高速列车。现在我们乘坐火车的时候，不但速度很快，还能安静地欣赏车窗外的风景，这简直是一种享受。人类的思想和文化的互动也是类似的，人类只有不断改变自己的思想，才能更好地适应自己创造出的更高级的文化。如果还像过去一样停滞不前，那么一来无法适应新世界，同时也不会再有改变世界的动力，思想和文明的进步是相辅相成的。

人类思想上的改变不仅仅体现在IQ每年增长0.3分，同时也体现在反应能力的不断加快上。在过去，科学家们通常认为，一个人的合理反应时间应该多于0.2秒，因此在实验中如果有人对某个问题的反应时间少于这个数值，他的回答将不被采纳。但是随着时间的推移，科学家们要更改他们的实验条件了，因为受试对象的平均反应时间大大缩短了。在很多测试中，人们的反应都更加快速和准确。因为在过去可不存在电子游戏这种东西，也不会有人在电脑上发送和接收信息，更不会比拼谁的点击速度更快，以获得某家网站的奖券。所以这些科技的进步让我们的反应速度提高了，这比单纯的IQ提升要更有意义。

智力的不断上升不会引起人们的恐慌，相反，如果有一天有人证明，人类的智力水平发展已经停滞了，那时才应该感到惊讶。我们对环境的适应能力不断增强带来的是更大的创造力，当然也会带来更多毁灭的能力。未来的世界里应该到处都是聪明人，那时的人类或许会对摆在博物馆里的祖先标本发出感慨：过去的人类真是愚蠢啊。

克隆人是道德的吗

相信我们每个人早已经听说过“克隆”这个词了。所谓克隆，意思就是复制，也就是通过生物技术，人工实现某种生物的繁殖。如果说20世纪这种技术刚诞生时还被惊为天人，那么现在人们早已对其耳熟能详了。从字面意义上来说，克隆是从一个供体上采集细胞，复制并培育这个细胞，使之成为一个新的个体。因为这个新个体是由一个供体的细胞分裂发育而成的，所以它不管是在外形上还是内部构造上，乃至从基因层面都与原供体完全相同。但是因为诞生之后的成长经历不同，所以通常会存在行为和个性上的区别。对于这种只有一个共同祖先的无性繁殖，我们就称之为克隆。

那么，克隆的原理是什么呢？对于一个生物来说，除了它的生殖细胞，其余的任何细胞中的基因都表现为一致的。但是因为分化的不同，在不同的器官或者组成部分中表现出的形态也有所不同，这种不同被称为选择性表达。在一些地方，细胞的某些基因的表达是显性的，而另一些基因的表达是隐性的，那么通过不同的表达方式，一个细胞能够成为根茎或者叶子，也能够成为内脏和大脑，这些表现形式完全取决于该部位的基因是如何表达的。因此我们就可以知道，除了生殖细胞，其余的细胞在理论上都能够分化为任何部位或器官，也就是说具有全能性。对这样的细胞加以培养，理论上就能克隆出一个与供体一模一样的后代来。

人类最早的克隆实验对象是植物，人类克隆植物的历史可以追溯到很久以前。对植物的克隆主要是通过组织培养的方式，取下植株的任意一个细胞，理论上来说都可以发育为一个完整的植株。这种形式的克隆是完全意义上的克隆，通过这种方式培养出的新植株的每一个细胞都和原植株的完全一致，都来自同一个细胞。

对动物进行克隆的过程，和克隆植物存在一定的区别。对于植物来说，只需要从一个植株上取下一个细胞，就能够完全克隆出一个新的植株。但是动物克隆相对来说就要复杂一些。因为动、植物的繁殖模式的区别，使得在进行动物的克隆时需要提取卵细胞中的细胞质作为“培养基”，这样才能成功繁殖出一个新个体。一个生物的遗传信息主要集中在细胞核中，因此，提供细胞核的供体才是主要的供体，也就是说，克隆出的动物后代和细胞核供体的基因几乎是完全一致的，和它最相似。

为什么两者之间会存在区别呢？为什么不能在动物身上任意提取一个细胞加以培养，最终产生一个新个体呢？首先我们要先说明，这种克隆方式在理论上是行得通的，只不过我们如今的生物技术还远远达不到能够让这个细胞正常分裂和发育的程度，相信在将来这个技术难关会被攻克。

在动物实验开始之初，人类首先选择克隆的是低等动物。科学家从一只青蛙身上提取一个细胞，这个细胞是可以除了生殖细胞之外的任何体细胞。这个细胞的细胞质被破坏掉，只提取出细胞核备用。再提取一只青蛙的卵细胞，与前面相反的是，卵细胞的细胞核将会被去掉，只保留它的细胞质。接下来，体细胞的细胞核和卵细胞的细胞质相结合，形成了一个新的细胞。这个细胞经过培育所产生的个体，就是体细胞供体的青蛙的克隆版本。

接着，人类把克隆的对象换成了高级一些的哺乳动物。科学家选择了一只羊提取体细胞，又从另一只母羊身上提取了卵细胞。接着要做的事情是一样的，那就是破坏卵细胞的细胞核和体细胞的细胞质，并且将两个细胞融合在一起，结合成一个新的细胞。这个细胞被放入了一只母羊的子宫中，当胚胎发育成熟后，一只小羊诞生了。这只小羊的名字叫多莉，它是人类克隆出的第一只高级哺乳动物。

克隆技术能够带来的好处是显而易见的。首先，我们可以通过克隆技术来培养和繁育一些具有优良性状的种子。有些物种如果通过正常的方式繁殖下一代，可能会发生遗传上的改变，因此，为了保证这些优良的性状得以延续，当我们通过生物技术得到一种能够高产的作物，这种作物的繁殖能力不强，或者容易发生变异，在自然繁殖状态下，高产的性质将很快消失。在这种情况下，我们就要通过克隆技术来培养它的个体，从而使它的每一代都能延续高产的优势。

其次，通过克隆技术能够为一些濒危动物提供保护。这样的做法仍然有待商榷，但是对于一切濒危的物种来说，克隆或许并不是一件坏事。当然，我们仍然需要进一步对动物的整体克隆进行探讨，形成一个严肃的道德和技术标准，在这个标准没有被讨论出来之前，克隆需要被谨慎地对待。

克隆技术可能带来的最大的益处体现在医学方面。尽管在全世界范围内仍然没有任何一国允许对人进行整体克隆，但是对单体器官的克隆研究都持不反对甚至大力支持的态度。许多生物团队在进行这方面的研究与探索。通过克隆人体干细胞，利用细胞的选择性表达进行诱导，进而克隆出不同的器官，这些研究已经进行到了一定的阶段，取得了初步的成果。

人体的异体器官移植一直受到很大的局限，那就是人体对外来器官会产生严重的排异反应。所以在现阶段，要接受器官移植首先要找到配型一致的供体，如果没有合适的供体就只能等待，很多患者就是在等待的过程中永远失去了器官移植的机会。如果能够使用自身的细胞克隆出一个器官，那么这个器官和自己的基因是完全一致的，也就是说，它天生就是自己的一部分。这样的移植不会带来任何排异反应，十分安全。人体就好比一辆汽车，而克隆技术就是用人体自身的细胞制造备份零件，当原来的旧零件出现故障时，就用这些备份零件进行替换。如此一来，人类实现长生不老的愿望不再是一个幻想。

和人类的表皮细胞和体细胞不同的是，人类的神经细胞从出生以后就不会再生了，所以一旦神经系统受到损害，其结果就是不可逆的。现在，科学家们正是试图通过克隆技术来制造神经组织细胞，用来治疗和恢复神经系统损伤。如果这项研究能够获得成功，或许“植物人”这个概念将不复存在了。

但是，克隆也存在诸多弊端。在自然界中，任何繁殖过程都可能带来一定程度的变异。这些变异中有一些是对生命的发展不利的，会逐渐被淘汰掉，还有一些变异是有益的，能够让生物在与环境的融合和对抗上取得优势，生命正是通过这些有益的变异向前进化的。如果通过克隆来进行繁殖，下一代与上一代在基因层面是完全相同的，即虽然不会产生坏的变异，同时也拒绝了发生良性变异的机会。长此以往，生物的基因多样化将会受到影响，影响生命的进化。

对人类来说，克隆最大的弊端就是会造成伦理上的困扰。关于克隆人的研究，目前在整个人类社会都是被严格禁止的。克隆人会使人类正常的发展受到影响，破坏传统的家庭和人伦关系，使社会秩序发生混乱。同时，由于克隆繁殖是无性繁殖，那么传统的通过性爱进行生育的方式会受到挑战，严重改变了性伦理，使人类的感情生活出现动荡。另外，因为克隆是建立在同一个供体上进行繁殖的，不具备基因上的多样性。如果人类克隆真的被允许，那么人类基因将会产生严重的退化，进而造成危机。

还有一个可能是，在克隆人的研究和实验过程中，难免会存在失败的情况。那么这些失败的实验产物，如果能够把他叫作一个人的话，那么该如何处理他呢？传统的实验动物通常会进行人道毁灭，那么对于这些克隆出来的“人”呢？人道毁灭还可行吗？或者说，人道毁灭真的人道吗？如果不能通过这种方式处理，那么对于这些有缺陷的“人”，使之存活下去或者进一步当作实验素材加以研究，是否更加有悖人类伦理？

克隆出来的生物通常来说会比通过正常方式繁殖的生物衰老得更快、更早，这个性质在克隆羊多莉的身上得到了很好的验证，多莉并没有存活多长时间就去世了。这种情况如果出现在人类的身上，那么带来的后果就是早衰。用一个成年人的细胞来进行克隆，可能培育出的是一个老年人。尽管这种情况在未来通过生物技术的发展可能有所改观，但是在现阶段仍然是难以避免的。

在一个成型的人类社会中，家庭是一个基本的组成单位。从传统上来说，家庭是由具有血缘关系的宗族构成的。一对父母生育若干个孩子，他们建立起牢固的亲子关系，这些孩子再产生下一代，他们的下一代与上一代之间通过血缘的纽带紧密相连。这样的一个个家庭，就构成了最简单的人类社会。在这样的社会中，因为具有人伦关系，所以会产生基本的道德原则和约定俗成的规范，使得整个社会有秩序地向前发展。

但是，由于克隆人只是通过供体的细胞繁殖而来，因此，对他们来说，并没有父母的概念。他们长大之后，与上一代在外形和基因层面完全相同，但是成长经历的不同可能造成他们具有不同的人格。这会带来很多困扰，也就是说，下一代和上一代之间到底是什么关系。他们虽然长得一样，但是本质上并不是同一个人。他们会变得混乱，亲缘关系发生颠倒，人类社会中的伦理和道德法则将无法约束他们。

进一步来说，如果克隆技术被一些心术不正的人加以利用，则会带来意想不到的恶果。例如，通过人为选择来制造所谓的“天才”，让基因优秀的人大量克隆，而存在基因缺陷或者被认为不够优秀的人则被剥夺繁殖下一代的权利。如果这种情况发展下去，整个社会将会被割裂。文明不但不会向前发展，反而会发生倒退。被克隆之人变得毫无道德感可言，最终的结果就是打开潘多拉的魔盒，被自己毁灭。

干细胞研究的意义

在19世纪时，生物学家就已经发现，卵细胞和精子结合成受精卵之后，就会开始分裂的过程。受精卵分裂到含有32个细胞时，将会形成一个细胞团。将这个细胞团的细胞分离，并且让每个细胞都进入不同的子宫进行发育，那么它们就都能够独立成长为一个胚胎。这种能够再次分裂和发育的细胞，就被称作干细胞。干细胞是全能的，能够分裂生长为任何器官。人类的脐带和胎盘中都有干细胞，骨髓中也有少量存在。在出生之后，因为个体的各个器官已经发育成型，因此这种全能细胞不再增加。只有当一些细胞死亡并需要替换时，干细胞才发挥自己的作用，控制细胞的再生。

人类中的每个器官都是细胞分化的结果，当器官形成之后，细胞的分化程度也达到了最大限度，无法进一步分化了。这些细胞将在生命周期结束后死亡，被新的细胞替换掉。但是干细胞是自诞生以来就从未开始分化的，因此能够分化成任何器官，甚至一个独立的个体。干细胞的词源本义是树干和起源的结合，因此这个词的意思是，一切都起源于干细胞。干细胞作为全能细胞，能够自我更新。也就是说，一个生命体之所以能够保持生机，全是因为干细胞的分化带来的。随着人类的年龄增长，干细胞也将逐渐减少。如果干细胞发生了衰老，则整个机体都将衰老，人也就将走向死亡。如果能够移植或者注射干细胞，人类的衰老过程也会随之减缓。

因为干细胞是如此重要，所以对干细胞的研究也被叫作再生研究。但是干细胞的理论刚被提出时，并不十分受欢迎。这种情况一直延续到了1945年，在人们对核辐射患者进行研究和治疗时，干细胞的作用才被发现，并引起了轰动。

科学家们相信，干细胞具有非常广泛的用途。科学家们现在能够培养一些干细胞，让它们在控制之下分化成不同的器官。这种技术未来或许能够在临床中被广泛应用，通过干细胞的培养和增殖来为患者重新制造一个全新的器官。和病人本身的年龄相比，这个新生的器官显然要更加年轻。如果一个人在自己年轻时就摘取并储存了一部分干细胞，那么当他年老时患上了疾病，需要更换器官时，就可以使用这些干细胞来制造全新的器官。通过移植更年轻的器官，患者的生命甚至能够得到相应的延长。因此，在研究人类基因的技术尚未成熟之前，干细胞研究显然是更符合时代的需求的，是人类科学的伟大成就。

干细胞具有的独特性质和它能够带来的变革，吸引了越来越多的科学家对它进行更加深入的研究。理论中干细胞能够治疗的疾病也越来越多，对于危害老年人健康的帕金森病和心脑血管疾病，以及随着人类生活水平不断提高而带来的数量不菲的糖尿病，都有干细胞的用武之地。还有人类健康的头号杀手——癌症，也能通过使用干细胞疗法得到有效的控制。有些疾病能够迅速剥夺人的生命，对于这种疾病，如果能够替换发生衰竭的器官，就能在一定程度上延长患者的寿命。

现在，我们已经能够很好地解决器官移植时供体给受体带来的排异反应，因此可以把他人的器官移植到患者身上。然而尽管我们解决了技术上的难题，但是器官始终是依靠资源捐献的，是有限的。想要满足需要移植的患者的需求，只靠捐献器官是远远不够的。这时，如果我们可以用患者自身的干细胞来分化出需要替换的器官，那么不仅免去了使用技术克服排异反应的过程中可能出现的意外，还能够通过置换一个更加年轻的器官来有效地延长患者的生命。

在医学的基础研究中，如果能够应用胚胎干细胞来了解胚胎是如何发育的，将有助于防止胎儿的畸形，甚至能够在发生畸形的初期加以矫正。另一个研究方向是，通过干细胞的分裂过程，认识胚胎发育中有哪些重要的基因在起作用，比如帮助胚胎吸收母体营养的基因和让胚胎迅速生长的基因。这些发现能够反哺干细胞研究，让它们能够受控分裂，得到我们需要的任何器官。

在治疗癌症方面，医学家们也在尝试应用干细胞疗法。在过去，医生们使用干细胞来恢复接受化疗的病人的免疫系统。现在，医学家们努力尝试使用干细胞来直接消灭癌细胞，对它进行替换或者攻击，让癌细胞转化为正常细胞。同时干细胞还能作为试验抗癌药物的靶子。在过去，一种药物如果想要上市，必须经过动物实验和人类实验。但是这种实验通常需要耗费大量的时间，所以当一些新药终于通过了实验上市时，一些病人已经永远没有使用的机会了。有了干细胞之后，药物实验将更加有的放矢。对干细胞进行药理和毒理研究，不仅效率更高，而且无须使用实验动物和人类志愿者。通过对干细胞的研究，还能够从细胞层面深入了解疾病是如何产生的、在器官之间又是如何发展和扩散的，这将有助于我们明确发病过程，为病人提供更加有针对性的治疗。

如果想要应用干细胞对人类进行治疗，首先就要弄清楚人类身体里的干细胞都分布在何处。首先我们要通过分子技术在数量众多的细胞中找到十分稀少的干细胞，同时还要明白这些干细胞和它的生长环境之间的关系。干细胞既然是用来替换死亡的细胞的，那么它是通过什么机制才能得知其他细胞的死亡，又是通过何种形式来做出反应的？我们需要通过实验才能知道。人类已经对脊髓中存在的造血干细胞有了充分的了解，并且能够应用于临床。通过培养造血干细胞，我们可以恢复一个人的造血系统，这一点对于治疗白血病简直是太珍贵了。

我们同样注意到了，在干细胞研究方面仍然存在很多争论。虽然这一疗法在医学上能够大有作为，但是同时也造成了医学伦理上的困扰。争论的焦点主要在于，是否能够通过符合道德和法律的方式获取胚胎干细胞，以及研究的结果是否会导致法律方面的问题。一个引申的争议是，如果从一个人类胚胎中获取了干细胞，那么这个干细胞可能继续发育成胚胎吗？如果发育成胚胎，那么它和干细胞的供体之间具有怎样的关系？这些干细胞可能是由自愿终止妊娠的女性提供，那么如果要获得干细胞而让供体无法得到继续发育的机会，这样是道德的吗？这种研究是否会引发某些人的流产意愿？这些问题都有待于回答，但是医学家们更倾向于尊重每一个生命个体。

有些人认为，虽然人类胚胎尚未完全发育成熟，没有成为人类的独立个体，但是同样具有生命的特征。如果从这样的胚胎上获取干细胞，即便是为了更加高尚的目的，手段也是不道德的。同样有一些人认为，科学家获取这些细胞而没有杀死它们，只是将它们的分裂控制在了一定程度上，所以谈不上任何的不道德。还有一些人的担心是十分必要的，他们认为，如果干细胞的研究让人觉得有利可图，不排除会有一些个人或公司为了获取胚胎而鼓励人工流产。

这就产生了另外一个问题。如果胚胎干细胞成了一种商品，能够自由买卖，那么研究者使用这些商品细胞进行研究，是否有违伦理道德？研究的程度是否存在一个清晰的界限？如果科学家是为了研究目的而人工培养细胞或者器官，这种研究是否会受到保护？在基因疗法的研究过程中，科学家们已经能够使用其他生物的细胞作为人类基因信息的载体，这是符合道德要求的。那么，如果科学家未来想把人类的干细胞植入其他动物的胚胎，进而制造出器官用来给人类进行移植，这种行为又符合道德要求吗？如果能够得到允许，那么必然会使得未来的器官移植变得更加便捷，这是否会让一些人无所顾忌地从事高危运动，毫不在乎自己的生命呢？这些问题都需要我们进行仔细的思考。

但是，我们也要认识到，必须存在这种争论，才能让一个学科的发展变得更加积极和健康。如果大众对于一门科学更加感兴趣，就将推动它发展，让它更加容易让人接受。过去，一些前沿的理论知识无法及时地对社会进行教授，因为人们对此并不感兴趣。比如克隆技术，人们往往并不关心一只青蛙怎样变成另一只青蛙，羊也是如此。但是如果把克隆对象换成人，人们就会变得更加感兴趣，也更愿意了解其中包含的道理和知识。

无论从何种意义上来说，对于干细胞的研究和应用都将是人类未来的福音。科学家们对这种新技术保持谨慎是十分必要的，因为在它能够确切地治疗疾病之前，有必要保持一定的神秘感，而非通过一些善于渲染的媒体让人们对这种技术产生无端的期待甚至排斥。在对干细胞进行研究时，我们也需要秉承更加专业的态度和尊重的理念。正如一些人所说，这些研究材料是通过剥夺一个生命得来的，我们有必要更加珍视。在未来，我们仍然要进行更多的探索，克服更多的困难，才能真正使用干细胞进行有用的工作。在我们真正找到用它来治疗人类的疾病的良方之前，要保持谦虚，并且坚定地沿着当前的方向走下去。在探索的道路上，我们要更加耐心，也要更加直面人类自身。

在22世纪打败致命疾病

人类自诞生以来，始终面对着疾病的威胁。我们在之前已经提到，能够通过基因测序来进行一定程度上的精准医疗，这样可以大幅提升我们对疾病的预判能力。但是当疾病真的发生时，需要在精准医疗的基础上进一步加以提高。这种疗法也是从基因层面治愈疾病的方法，它的原理是使用人体健康的基因来替换发生病变的基因，或者对有遗传缺陷的基因进行修复，从而治愈疾病，这种直接进行基因操作的疗法就被称为基因疗法。基因疗法是人类为了在22世纪彻底战胜疾病而创造出的新疗法，随着基因技术的不断提升，基因疗法也获得了长足的发展。

人类的一些疾病是具有遗传性的，现行的治疗方法对这些疾病只能缓解症状，但是不能从根本上解决问题。所以病人的后代仍然具有很大的概率感染上这种疾病。通过基因技术，我们可以对患者的基因编码进行修复或改造。除了使用人类的基因进行修复之外，其他生物的遗传信息也能够对人类起作用，所以依然适用。因此，我们能够通过这种方法来解决基因缺陷的问题，从而彻底根治遗传性疾病。

基因疗法的具体操作是从患者的身上先获取一些细胞，之后使用一种逆转录病毒作为基因载体，再用这种病毒去感染人体的细胞。这种病毒本身只具有逆转录功能，而对人体没有危害。他们只负责让它携带的基因被人体原本的细胞接受。这样一来，原本有缺陷的基因就被修复了，从而通过增殖变得正常起来。

对半乳糖血症病来说，使用基因疗法是能够将之完全治愈，并不会再传染给下一代。患上这种疾病的病人是因为一种基因的缺陷，无法分解半乳糖，使半乳糖长期积聚在肝部，甚至转变成酒精，从而伤害肝脏，造成病人肝硬化、营养不良等症状，十分痛苦，并且具有遗传性。使用基因疗法治愈这种疾病时，就需要应用前述的使用逆转录病毒来入侵患者的细胞，从而使有缺陷的细胞能够正常分解半乳糖。当这些细胞再次被移植回人体时，患者也就具备了分解半乳糖的能力，这种疾病就被治愈了，并且不会遗传给下一代。

当然，基因疗法的发展并不是一帆风顺的，而是遭受了很多挫折。在20世纪末，基因疗法刚刚诞生时，受到了科学界极其严格的评估。经过长时间的观察，基因疗法已经具备了治疗疾病的条件，并且不会带来安全上的隐患，因此在很多疾病的治疗上都可以应用基因疗法了。在实验阶段，基因疗法只能面向志愿者，而在不久的将来，医疗机构将实行商业化的计量法，让广大患者都有机会接受基因治疗。

在基因疗法仍然存在争议、前途并不明朗的时候，一个治疗病例，将基因疗法真正推向了大众，让更多人愿意接受它。这个病例发生在美国一个8岁男孩身上。这个小男孩患有一种基因缺陷性的眼部疾病，会使视网膜不完整，进而损害视力。医生建议他使用基因治疗，并只在一只眼睛上使用了这种疗法。在治疗结束后的第三天，这个小男孩的视力就得到了一定程度的恢复。3年之后，这个男孩的右眼也使用了相同疗法进行治疗。让人感到欣喜的是，他的视力逐步恢复，又过了几年，他甚至已经能够进行狩猎活动了。

基因疗法在这个小男孩身上得到成功之后，又在几年内先后让40多位存在先天基因缺陷的眼病患者重新见到了光明。基因疗法取得的成功远不限于此，不但成功治疗了很多常见病，还在癌症患者身上获得了很好的疗效。使用基因疗法治愈了癌症之后，患者的预后寿命得到了大幅延长，在几年后进行的体检中，身上仍然没有新增的癌细胞。

虽然到目前为止，基因疗法还没有真正走进医院在普通患者身上加以应用，但是随着时间的推移和技术的不断完善，在未来的几年内，这种情况就将得到改善。欧洲于2012年批准了一项基因疗法的应用，用来治疗一种遗传性的蛋白缺乏症。这种疾病虽然十分罕见，但是一旦患上了这种病就会十分痛苦。到了第二年，美国也开始放松了对基因疗法的管制，为日后的推广打下了基础。

那么，基因疗法为什么让各国政府都如此谨慎呢？因为这种疗法在早期的实验中，曾经造成了一名患者的意外死亡。这个突然发生的不幸事件，让整个基因研究领域都跌到了谷底。这名患者患的是一种消化道疾病，在使用基因疗法进行治疗的时候，因为造成了免疫系统的排异反应，导致了他的死亡。这个失败案例让研究人员意识到，让被改造的健康基因被人体吸收依然十分困难。在这个案例中，科学家使用一种病毒来进行基因的改造。这种病毒在进入人体之后，能够造成轻微的上呼吸道感染。在经过讨论后，参与治疗的专家认为，应该在患者的肝脏部位注射病毒。因为，正是他的肝脏细胞存在基因缺陷，才导致他缺乏一种消化酶。因此研究人员决定，将这种带有正常消化酶基因的病毒注射进患者的体内。

但是，在治疗开始之后，悲剧却突然发生了。虽然按照之前专家们的计划，带有正常基因的病毒成功地感染了肝脏，但是也同时感染了一些具有免疫功能的细胞。这些细胞被感染之后，让人体认为体内出现了异物，因此免疫系统开始对这些细胞进行攻击。因为这些受到感染的细胞数量是如此巨大，因此可以说，这位患者是被自己的免疫系统杀死了。

无独有偶，在这个失败案例发生之后，在针对另一项遗传疾病的研究过程中，参与治疗的20名儿童，有1/4出现了其他严重疾病，甚至还有一名儿童死亡。在这起悲剧中，又是因为基因的传递发生了错误，从而造成了严重的基因突变，甚至癌变。

这些失败，都是因为在健康基因体导入有遗传缺陷的基因组织的过程中，出现了被人体识别的错误而引发的，因此医学家们开始了更加深入的研究，争取找到能够实现基因完美传递的载体。这时，两种病毒出现在了他们的视线里。其中一种叫作腺相关病毒，这是一种非常常见的病毒，即使人类被感染也不会产生任何疾病。因为它的这种性质，使得它不会引起人类免疫系统的排异反应。同时这种病毒还具有另一个优点，那就是能够减少很多副作用。因为这种病毒有很多变异的形态，能够适应不同的细胞。科学家应用这种病毒的独特性质，在治疗某个部位时选用最适合该部位细胞的病毒，从而只需要很少剂量的病毒就能够达到治疗目的，病毒就不会引发免疫系统的反应。而且这种病毒能够只针对有缺陷的基因进行改造，而不会影响其他遗传信息，这样就降低了导致癌症的风险。

到了20世纪90年代，科学家们开始应用腺相关病毒来进行临床医学实验。从这一时期开始，科学家通过不同的案例筛选出十多种有效的病毒，并且应用这些病毒进行改造，从而制造出了100多种副作用较低的、能够适应多种疾病的病毒，其中的一些能够应用在遗传性疾病如帕金森病或血友病的治疗上。

医学家们选择的第二种载体则十分传奇。众所周知，人类免疫缺陷病毒能够引发人体免疫缺乏症候群，也就是常说的艾滋病。但是如果把这种病毒中的致病基因去掉，反而能够在基因治疗上提供巨大的帮助。因为这种病毒能够绕过人体的免疫系统，所以在进入人体之后，不会对其他基因造成任何影响，而只会忠实地完成它自己改造致病基因的任务。同时这种病毒能够携带很多基因，能同时治疗或替代很多缺陷基因，大大提高了治疗效率。

通过这些研究，医学家们重拾了信心。他们不但应用基因来进行遗传病方面的治疗，而且开始研究如何恢复发生损伤的基因。淋巴性白血病是儿童常见的癌症，这种癌症虽然能够通过化疗治疗，但是仍然有1/5左右的患者不适合进行化疗。因此很多科学家尝试使用基因疗法来治疗这些患者的白血病。这项研究起初十分困难，但是一旦取得成果，就能在很大概率上将患者治愈。

但是，如果想让基因疗法真正地进入临床，科学家们要做的就是使之变得更安全，并且获得药品管理机构的批准。美国的食品药品管理局（FDA）是世界上最严格的药品监管机构，每年通过它批准上市的药物或疗法数量都十分稀少。要想通过这一机构的认定，要经过长时间的临床实验，时间通常为1～5年。目前正在等待审批的基因疗法多达两千项，其中的5%已经进入了最后的观察阶段，最有希望进入临床的，就是曾治好了那位8岁男孩眼病的基因疗法。

欧洲的有关监管方面，在2012年批准了一种基因疗法药物，这种药物能够治疗遗传性的蛋白酶缺乏症。这种药物使用的基因载体就是我们之前提到的腺相关病毒，在把这种药物注射进患者体内之后，能够在很短的时间内让患者恢复健康，并且使下一代不再有罹患这种疾病的风险。这种药物的制造商也在和美国的FDA进行磋商，希望能够让美国患者也可以应用这种药物进行治疗，减轻他们的痛苦。

无论是怎样划时代的先进疗法，在刚刚诞生时，都要经历一些争议和误解，甚至是挫折。在经过了几十年的发展之后，基因疗法仍然走在不断上升的路上。虽然它已经能够治疗一些在过去被认为是十分复杂甚至不可治愈的疾病，但是仍然无法大规模应用。不过随着成功案例越来越多地涌现，我们可以相信，在不久的将来，基因疗法一定会成为我们战胜疾病的最主要疗法。在21世纪，我们就能够使用它来治疗大部分的疾病。而到了22世纪，人类或许将能够完全战胜疾病，从而掌握自己的命运。

人类应该获取无限的寿命吗

随着科技的发展和医学水平的提高，人类的寿命变得越来越长，甚至有人认为，在未来，人类将可能拥有无限的寿命。如果我们能够活得更长，就可能会遇到更多值得高兴的事情。人们之间的关系将变得更加微妙，因为一起相处的时间可能会变为以百年为单位。人类从很久之前就已经开始渴望长生不老，很多帝王凭借手中的权力进行过这方面的探索，但是都以失败告终了。不过现在我们能够通过科学技术来延缓衰老，这在某种意义上就实现了永生。

人之所以会走向死亡，本质上都是因为衰老。如果可以延缓甚至停止衰老的过程，那么人就会一直生存下去。在相关的研究领域，科学家们已经有了很多进展。让人体的衰老速度减慢已经能够实现，但是人类是否能够通过这样的技术来维持生存，从而避免死亡呢？这仍然是一个未知的事情，有待于我们去验证。

通过先进的医疗技术，现代人的人均寿命每年都会提高，并且提高的时间越来越长，频率也越来越快。如果人类有希望获取永恒的生命，那么这就将使我们燃起很多关于美好生活的希望。想象一下吧，一个没有死亡的恐惧的世界。这个世界中的所有人都不会被健康问题和衰老剥夺生命，因此让我们能够放心地去追求很多自己想要的东西。这样的世界是人类前所未见的，也是无比光明的。

现在，人口老龄化正在成为困扰全球的问题，但是如果人类真的掌握了延缓衰老的方法，那么就能彻底改变老年人的命运。到那时，将不存在老年人的概念，每个人都将永葆青春。一个人的年龄将不再是衡量他的身体素质的依据，因为他将永远年轻，无论是肉体还是精神都是年轻人的水平。身体不会随着时间的推移而变得衰老，而是一直活力四射。

从人类诞生之日起，能够永生就成了整个人类共同的梦想。很早以前，无论是东方还是西方，都有探险家四处追寻，想要得到能够让人永生不死的良药。但是我们现在已经知道，要实现这一点，并不一定是通过某种药剂，而是会采用很多手段相结合的方式。如果能够控制衰老的过程，就能够达到避免死亡的目的。有科学家进行了大胆的预测，他认为现在已经到了中年的人类个体，如果能够接受减缓衰老的治疗，有超过50%的可能性活到1000岁。

我们来通过各种经验和现实展望一下人生进入老年的场景吧。到那时，身体将会变得十分衰弱，生活质量降低。社会整体上是鼓励向前发展的，因此老年人不会受到很多重视，而通常会孤苦无依。这个世界是如此地倾向于年轻人，所以我们总是十分痛恨衰老。所有可能的方法都被尝试过了，因为想要逃脱时间的流逝带来的不可挽回的失去。这种追求生命的延长的渴望，源自对死后世界的恐惧。虽然有宗教宣称死后是一个幸福的世界，但是活着的人都没有见到过，所以无法想象那究竟会是什么样子的。

当然也有人认为，人类不应该寻求永恒的生命。虽然人类本身固然就有对于未知的恐惧，但是对死亡的恐惧则是荒谬的。也就是说，这种恐惧不会让死亡变得更可怕。而人为地延长人的寿命或许并不是一个明智的想法，人类并不会因此而感到更加幸福。每个人都希望能够活的时间足够长，但是我们必须明白的一点是，死亡终将降临。这一点和我们成长的经历是一样的，从小到大，我们扮演的角色一直在改变，每个身份都会有开始和结束。那么作为生命本身，也应该有一个正式的结束，这才是一个合理的结局，而不是无休止地进行下去。

人类社会相对于过去已经实现了很大的进步。很多科学研究的成果都让人的寿命得到延长，例如经过消毒杀菌的饮用水和更安全的食物，以及生病时能够被更为发达的医疗技术治愈。这些都让人比以前更长寿，平均寿命从50岁增加到了80多岁。在未来，人类的平均寿命可能会达到90岁或者100岁，但是很多人都无法活到120岁。这是因为，人体的基本构成元素是细胞，而细胞总归是会衰老的。细胞的衰老带来了器官的衰老，进而让整个人体都发生衰老。当这种衰老到达了一个限度，人就会死亡。

在人类刚刚诞生的时候，因为要面对自然界的残酷和食物的短缺，因此智人只能活到25岁。甚至我们可以说，那个时候人类社会并不鼓励长寿，因为一个虚弱的个体对整个部落并不能起到积极作用。但是随着生活条件的改善，生命将会得以延长。人体也就做出相应的调整，在25岁之后不会马上衰老，而是继续保持年轻。

今天，我们或许可以从一些自然长寿的人身上发现一些线索。一个人如果显著比和他处于同样环境中的人活得更久，那么他的基因中就一定会携带了与长寿有关的信息。人类基因图谱已经被绘制出来，科学家们正在积极探索，想要找到哪些基因是能够让人类的寿命延长的。如果能够找到这些基因，并且想办法以人工的手段来实现它们具有的功能，那么就能让全人类都享受这种福利。

在人们能够了解基因之前，无法从根本上获取长寿的秘密，也就无法进行基因的分析和改造。但是随着人类基因组计划的实施和基因图谱的出现，这些都将得以改变。我们将会找到那些延长生命的基因和防止疾病的基因。如果我们找到了这些基因，并且能够对它们加以强化，那么人类将会被彻底改变。

通过一些研究，科学家们已经能够在实验中延长动物的寿命。在动物身上取得的成功，完全有希望复制在人类的身上。有人设立了奖金来寻找世界上寿命最长的实验鼠，并且已经有了一些成果。现在最长寿的实验鼠的寿命是接近5岁，这已经是普通实验鼠平均寿命的2倍以上。这只实验鼠之所以能够活得这么长，是因为在它出生之前就接受了基因改造。这些遗传信息的改变让它的寿命有效地延长了，这对人类是个非常好的启示。

今天，我们站在下一个生物技术革命的开端。人类即将能够对自己的遗传信息进行重新编译，破解衰老和疾病的秘密，并让人实现青春永驻的目的。但是这样的研究同样是具有很大的风险的，因为对长寿基因的有意识选择，虽然能够让人的寿命普遍增加，但是从另一个角度来说，人类的多样性就会降低。这个现象将会带来不可预料的结果，我们不知道这是否是一个积极的结果。在过去的很多年里，正是因为具有丰富的多样性，人类才无数次战胜了自然，并成了地球的主人。如果丧失了多样性，人类可能在面对自然的变化时变得更加脆弱。

同时，如果这种延缓衰老的方法只能提高人的体力，而无法让人的智力也同步得以提升，那么这种长寿就是毫无意义的。人在衰老的时候有两种可能，一种是体力无法跟上脑力，另一种是脑力无法跟上体力。这两种情况都有很大的问题，都需要同时解决，而不能单纯地在体力上加以强化。

还有一个方面的担心就是，当人类真的能够避免衰老之后，他们会做的可能是把所有时间都花在怎样活得更长上面，而不会再追寻生命本身的意义。通常来说，死亡让人们更加努力地追求生命的意义。如果没有死亡的威胁，那么人类或许会不再关注生命本身，而是全身心地投入到健康事业上去。文化可能并不会因为人类平均寿命的延长而得到发展，甚至会发生倒退。毕竟，如果人类的寿命能够延长到几百岁，那么延长的绝不仅仅是每个人的寿命，还包括与之相关的所有社会因素。

当生命变得更长时，就会出现与之相关的新产业，这会吸引很多资本的投入。如果有一种方式能够延缓衰老，那么就一定会有人来促成这种方式的商业化。无论是制药行业还是医疗行业，都会因为人类生命的延长而得到更好的发展。比如，如果真的有人研制出了一种药物，能够有效地延缓衰老，那么几乎每个人都会想要吃上几粒。这种药将会成为有史以来最畅销的药物，将会带来不可思议的收益。如果这种药物真的存在，那么它不仅会改变人类的命运，还能带来如此多的利润，这简直是一件太美妙的事了。

也有人对延长寿命持悲观态度，因为寿命的延长造成的负担和代价也会增多。地球上的人口仍然在不断增长，资源的枯竭和环境的恶化已经让地球有些不堪重负。如果人类实现了永生，总人口数就将更加迅速地持续增加，这会给地球带来更大的压力，而地球是无法承受这么多人的。所以在我们找到能够容纳更多人类的空间之前，让所有人都长寿，似乎并不是一件好事。

寿命的延长将使年龄很大的人仍然具有很强的体力和智力，而这些人拥有更多的经验，所以退休年龄可能将会大大延后，人类将会一直工作到很久。到那时，百岁工人将随处可见。还有一点值得注意，在恢复青春的疗法或药物刚刚推出的时候，价格一定会十分高昂，所以这就注定了只有一少部分人才有能力享受这样的治疗。这或许会带来阶级的分化，让富有并长寿的人更加富有，贫穷的人一代又一代继续贫穷下去。这是我们最不想看到的情况，所以一定要竭力避免。

如果能够延缓衰老，那么很多疾病和死亡带来的痛苦都将不复存在，而人类会因为获取了更长的生命而创造更多的价值。长寿带来的不仅仅是多出来的若干年生命，也代表着我们的人生目标也要发生改变，而生命的意义也将变得完全不同了。到时，人类世界将变成另外一番模样，而生活在其中的我们，也将拥有完全不同的人生。

关注生命的意义

对于人类来说，人们所创造的一切文明，都是为了满足生命的需求。人类创造了各种文化、宗教、艺术和科学，想要以此来找寻生命的终极意义。人类作为一种智慧生物，除了追寻肉体生命的延长，本质上还是想要寻求生命的本质和价值。从宗教意义上来说，我们都想获知死亡之外的情景。而人类之中的贤者则发明了哲学，想追求人类自身存在的目的。我们通过科技的进步提高了人类的生活水平，在这个过程中出现的快乐和痛苦被艺术家和文学家用各自的方式加以表达。因此，人类从来不是生而孤独的，而是在寻找人生意义的道路上结伴同行。

超越死亡而达到生命的另一个境界，是所有宗教共同的追求。虽然人类的科学已经如此发达，但是仍然没有找到人在寿命终结之后的意义，所以宗教的价值仍然是十分必要的。为大多数人信仰的宗教必然有其存在的合理性，这一点是毋庸置疑的。以佛教来说，在佛教的教义中，所有的生命都是处在同一个位置的。每个生命都能够和所有的生命结合，和宇宙的真理结合，于是每个人都有可能成为佛——一种超越生死界限之外的存在。另外，无论是基督教还是伊斯兰教，都信奉一神论，都认为存在唯一的神创造了世间万物，基督教的本源是犹太教，而犹太教的教义认为，每个人都有原罪。只有通过信奉神，才能让自己的罪得到解脱。正是这种思想才让当时的欧洲人民的心灵被安抚，并促成了罗马帝国的兴盛。

虽然在中世纪的欧洲，人们仍然十分愚昧，在科学上毫无建树，但是社会却十分平静。罗马帝国的统治延续了长达1500多年，这在全世界都是一个奇迹。随着文艺复兴和社会进步，宗教宣扬的人生观和关于人生意义的论点受到了强烈的冲击，但是直到现在，很多西方人仍然对这一点深信不疑。

在犹太教的教义中，人们只要按照神的指示行事，就能够获得幸福。上帝将会赐予自己忠实的信徒一切他想要得到的东西。他们死后，也会和祖先一样升上天堂。所以在犹太教看来，遵守社会秩序十分重要，他们想要实现的是一种十分有序的生活，对他们来说，人生的意义更重视群体价值。

而伊斯兰教是脱胎于基督教和犹太教的，它把后两者关于人生意义的观点加以结合，形成自己的独特观点。伊斯兰教强调对真主的绝对信仰，这样就能够实现永恒的幸福。但是它同时也强调在现世遵守安拉的指示，服从它的安排，在现世也能够得到幸福。阿拉伯世界接受了这种观点。伊斯兰教不仅看重眼前的现世世界，也大力宣扬死后的世界。

无论是西方的哲学，还是现代科学的启蒙，都受到了古希腊哲学的深刻影响，从中汲取了很多养分。古希腊哲学中，泰利斯的哲学重视追寻世界的本质，这使人们面向自然开始探索，这就是现代科学的开端。另外，苏格拉底认为应该认识自我，哲学因此而发端。柏拉图和亚里士多德都沿着苏格拉底开创的方向提出了自己的主张，他们认为要通过哲学思辨的方式来找寻人生的意义。但是两人的方法存在区别，柏拉图认为世界是分为现实和理性两部分的，而理性世界的最高境界能够通过回忆和思索达到。亚里士多德则认为，世界分为物质的和精神的，世界的本质是至善的，而人类的终极追求则是幸福。后期，希腊哲学的走向又发生了改变。人们不再通过哲学思辨来获取幸福，而是通过心灵的净化或者宁静来实现终极的幸福。

到了中世纪晚期，近代哲学诞生了。这源自信仰世界和理性世界的分离，让人们在现实中寻找人生的真正意义，这一点也成为之后的文艺复兴时期的精神源泉，并影响了接下来的启蒙运动。康德在总结了唯理论和经验论之后，首先区分开了科学和宗教的不同。科学是通过经验来为人类现实生活提供帮助的，重视知识。而宗教是为人类的精神生活提供动力的，重视信仰。但是之后的哲学家认为康德没有彻底摆脱神学的束缚，对他的思想进行了改造，彻底排除了神的存在，而只强调人的意义。到后来，人的意义也消失了，只存在一种绝对的精神力量。这在本质上仍然是神学范畴的，标志着神学再一次复归。

为了反对这种披着哲学外衣，实则拥有神学内涵的思想，一大批非理性哲学又诞生了。其中包括生命哲学和存在主义。这一时期的哲学家认识到，过去的哲学都是建立在理性主义上的，毫无用处，无法给现实生活以任何指导。一些哲学家开始重新考虑人生的意义，意志哲学出现了。悲观主义的代表叔本华认为，人生的终极是悲观的，这和黑格尔一直推崇的乐观主义完全背道而驰。在叔本华的理论中，世界是人的意志的体现，但是人生中注定的悲剧结局是无法通过意志来解决的，因此人生没有意义。

尼采作为叔本华的继任者，沿袭了意志哲学的思路。但是尼采认为叔本华的悲观思想十分消极，不认可只能通过战争或自杀来解决问题的方式。他创造了超人的概念，用来代替已经死去的上帝。在尼采的理论中，世界上的一切事物都需要重新估算价值，但是这种思想无法获得大众的共鸣。尼采在晚期陷入了虚无主义，他宣称人生是毫无价值的，而人生的目的是令人困惑的。有人认为，哲学实际上被尼采终结了，尼采让人们了解到，哲学具有的唯一意义就是它本身的无意义。

与此同时，生命哲学也开创出了一条独具特色的道路。这一领域的哲学家认为，生命的意义需要通过生命力来实现，它本身具有的力量是不能够估量的，因而是非理性的。在意志哲学和生命哲学之后，哲学中已经不再有原来的两个本源，也就是信仰和理性。而科学持续发展，出现了逻辑实证主义和实用主义等，这些思想取代了哲学思辨的地位，要求人们通过现实的发现和证据来探寻人生意义。科学家们用科学和知识对哲学进行了改造，并使之成为一门学科，能够条分缕析地进行学习。而人生意义和人生价值这些理论，因为无法取得确切的实证，所以不再被哲学需要。

在英国和美国，哲学被从另一个方面来加以探讨。这时人们开始倾向于研究逻辑和语言，并且出现了很多理论。但是罗素悖论使人们了解到，逻辑也并不能够完美地解释哲学。维特根斯坦主张通过语言来考虑，认为人们需要保持沉默。语言是表达事实的工具，但是不具有任何意义，而哲学的本质就是使人们发现无意义，这就是分析哲学。和分析哲学同一时期出现的是现象学。这个学科的研究对象是各种现象，想要突破过去的局限，不再以二元对立的方式来进行思考。而且这一理论认为，科学和现象是不可分割的，是要放在一起来加以研究的。但是它也有自己的弊端，那就是只关注逻辑和语言的意义，以及数学基础等。

现象学之后又出现了存在主义。这个理论又回归了人本身具有的意义的讨论，将人生意义作为主体来进行研究。信奉这一理论的哲学家从语言入手，想要搞清楚什么是存在的真理和存在的意义。人在追求人生意义的时候，也就代表了对意义的领悟。他们认为，人生的本质是苦恼，而且人是向死而生的。但是虽然是这样，人生仍然是具有诗意的。

萨特在他的理论中研究人在社会中具有的权利，认为自由的意义就是完全的自我。加缪则有不同的观点，他认为一切都是荒谬的，是不具有任何意义的，人生也是如此。他用一个寓言作为比喻。吕底亚国王在河里接受惩罚，当他渴了想要喝水的时候，水位就会降低，让他无法喝到；而如果他饿了想要吃树上的果子，树枝也会升高，让他无法采摘。他用这个故事说明，人和世界之间没有必然的联系。如果世界中不再拥有光明，每个人都是个局外人，并且无法被拯救。并非是人荒诞，也并非是世界荒诞，而是两者本身就是矛盾的。

在抛弃了神学理论之后，人们并没有依靠哲学思考或者科学探索来彻底找到人生的意义所在。所有的哲学研究，距离人本身都越来越远。也就是说，这些研究并没有发现人生的意义。而科学也存在自身的局限性。人们试图通过科学来改变一切，使人类具有类似上帝一样的能力，但是实际上这是行不通的。科学的本质就是它可以被证伪，而科学本身的进步不是真正的进步，而是范式的更新和替换。因此，不断有人质疑科学是否真如它的研究者所言那样神圣。科学是以知识和经验作为度量的，因此在它的研究对象中并不包含人生的意义。同时，科学实验在研究人的时候并不可靠。量子力学揭示了混沌状态，一切都不再是确定的。这可能将会引发新的哲学理论的诞生，但是生命的意义是否会因此而被更好地寻求，仍然是个疑问。

如今，神学和宗教已经日渐变得形式化，只具有象征意义，而无法像过去一样深刻地影响人类的思想。科学研究面对的只有物质和物质组成的世界，对人的精神世界毫无兴趣。想要追求人生的意义，仍然需要使用哲学作为工具。宗教为人们总结的人生意义被科学和哲学终结了，也需要后者来找到一个好的替代品。科学的进步虽然带来了生活水平的提升，但是人类因此而感到更加幸福了吗？答案是否定的。在全球化程度逐渐加深的今天，人们有必要联合起来，共同追寻和探讨人生的意义。这种追寻将始终伴随着人类，永不停歇。

第四章

新的人类日常

当我们的祖先第一次从水面发现自己的倒影时，一定倍感新奇。后来人类发明了镜子，能够在镜子中看到自己的形象，并且能够修饰自己。

一切信息都来自虚拟

在计算机刚刚诞生的年代，一切都是单调而沉闷的。显示器是黑白的，运行速度很慢，能够实现的工作也很少。后来，计算机图形界面出现了，也出现了彩色显示器，各种应用程序和游戏被大量开发出来，计算机的世界才变得丰富多彩。时至今日，个人计算机在图像处理方面取得了长足的进步，并将随着科技的发展带来又一次新的革命。从本质上来说，计算机技术已经被彻底颠覆了，使用者能够通过更好的设备和软件来获取更加逼真的视觉效果。一切在过去只存在于想象中的技术不断诞生，刷新着人类对世界的认识。

今天，无论是个人电脑的显示器还是家用电视，都具有十分优异的显示效果。无论是在像素上还是在分辨率上，如今的设备都有了巨大的提高。同时，智能设备都具备显示功能，并且显示效果非常出色。无论是车载系统还是家电的触控面板，都受到了这种风潮的影响，与过去相比发生了很大的改变和进步。

除了这些尺寸相对较大的显示器之外，现在还流行一种头戴设备。游戏玩家通过佩戴这种设备能够进入虚拟世界，体验另一个被凭空创造出来的世界。他还可以通过语音或者手势对其中的物品进行操作，达到交互的目的。这些技术是前所未有的，能够让游戏者沉浸在非常逼真的环境中进行游戏。它现在仍然存在一个缺点是，需要固定在一个地方——通常是电脑旁，才能进行游戏。在未来，这种束缚可能会消失，玩家可以通过更加灵活的方式来对游戏中的角色进行操控，而手持和头戴设备也将成为历史。

和丰富的视觉体验进行配合的，将是高保真的立体音响设备。现在我们可以通过头戴设备中的扬声器来听到虚拟世界中的声音，但是如果想要聆听到更加逼真的声音，建设独立的声音单元是很有必要的。同时，可以应用显示内容更加全面的显示器来展现一些宏大的场面，例如科幻作品中的太空场景和巨大的宇宙飞船。虽然现在的技术还没有达到这样的高度，但是我们可以期待未来。

虚拟现实进一步向前发展，将会带来整个家庭娱乐模式的改变。如果你决定和家人一起看一场电影，那么将无须使用遥控器来操作，而是直接通过语音来控制电影的播放和结束。和朋友来一场游戏对决也是一样的。你将可以马上进入一个虚拟世界里，在那里你会变成孤胆英雄或者传奇车手，在战场或者赛道上所向披靡。虽然类似的概念早就已经被所谓的智能设备制造商提出过，但是却从未真正实现。虚拟现实技术正在努力实现这一点，为用户提供更加真实的场景和更加便捷的互动模式，带来一种全新的娱乐方式。

在未来的娱乐世界里，将到处都是十分逼真的虚拟场景，我们身处其中，能够获得良好的沉浸式体验。娱乐的参与者能够扮演任何角色，并且在游戏场景中自如活动。游戏中的所有人和物品看起来都栩栩如生，让人有置身真实世界的感觉。游戏开发者和设备制造者将要解决的问题是，设计出足够精彩的游戏情节和场景，然后找到合适的设备载体去实现它。

如今，大规模集成电路的发展已经达到了一个全新的高度，计算机中的处理芯片体积越来越小，但是功能越来越强大。而未来将会出现的全新的处理器，将会兼具强大的计算能力和图形运行能力。把CPU和GPU的优点结合在一起，将会出现一种更加符合未来要求的新的处理核心。

无论是个人计算机还是越来越高级的游戏设备，无论是大型的云端服务器还是数据分析中心，都是我们生活的各个领域中能够使用到的先进技术。这些技术都已经得到了长足的发展，并且在不断进化中。人类社会对技术提出的要求也越来越具体，越来越苛刻。在现有的基础上，技术将会得到怎样的发展仍然是一个未知数。但是我们能够确定的是，将会一直向前探索。

现代人的生活，整天都被各种显示设备围绕着，其中包括电脑、手机、车载系统和各种与生活息息相关的东西。除非有一天出现一种新技术能够代替这些显示器，否则显示器的数量将会不断增长。新技术出现之前，显示器仍然是非常重要的信息接收源。我们想要看一本电子书的时候，想要看看股市交易信息的时候，或者想要了解最近一场球赛的结果的时候，都要用到显示器。我们可能没法一下子了解各个显示器之间具有的技术层面上的差距，但是它们显示的内容以及与读者之间发生的互动，已经深刻影响了我们和世界交流的方式。我们周围的一切都被高科技武装起来，连接着几乎每一个人类个体和这个充满信息的世界。

这样的一个高科技的世界能够带给我们的，是比以前的任何时候都更加丰富多彩的体验。当然，想要实现这样的进步，就需要更高级的显示技术和更新颖的内容创造。在未来，这种创新将会不断地发展下去。我们甚至能够实现想象中的瞬间移动，通过显示设备的帮助，从一个地方达到另一个地方，看到那里的景象，感受到那里正在发生的事情。

人类之间的交流存在很多形式，其中最清晰和让人感到最舒服的就是面对面的交流。在互联网出现之前，这一形式是所有通信技术都想要实现的。人类使用信件进行信息传输的情况，经过了几千年的时间才得到改观。当电报出现之后，人类社会的沟通和交流变得更加快捷。到了贝尔发明电话之后，这种情况得到了更大的改善。一个有意思的细节是，当贝尔和他的助手进行电话的通话测试时，贝尔说的是让他的助手到他的身边来。

在互联网上的交流虽然和从前相比更为便捷，但是仍然存在不足之处，那就无法实现前面所说的面对面交流。我们虽然能够和朋友互发消息，但是却看不见彼此的肢体动作和眼神，也感受不到语言和表情的热度。有人意识到这种情况之后，便开发出了更多工具来让我们能够发送图片和声音，甚至是视频，这样的交流才显得更有意义。当你正在看一场期待已久的音乐会，你要做的不是打电话给朋友，而是拍上一段视频发送到社交网站上。你的朋友都会看到你正在做的事情，并且会在下面回复自己的心情。

虚拟现实技术正在做的就是让我们能够更好地实现面对面的交流，这更像是真正的交流，而不是隔着一层显示器。这样的技术能够给未来的生活和工作带来很多改变。首先，如果一个团队或企业的员工分布在世界各地，当他们想要一起完成一项工作时，就可以通过混合现实技术实现连接。当他们戴上虚拟设备，就能够置身于一个包含他们所有人的空间。他们将在同一个环境里工作和交流，即使两个同事使用的是不同的语言，也能通过实时传译系统进行毫无障碍的交流。

如果每个人都能使用这种技术，那么工作地点也将不再需要固定，而是可以由每个员工自由选择。很多公司都统一规定了职场的地点和工作的时间，认为这样可以保证工作秩序。但是也有调查显示，如果员工能够按照自己的喜好来选择工作地点和安排工作时间，他的工作效率将会变得更高。有些人在工作时喜欢绝对的安静，但有些人不听音乐就一点都干不下去；有些人喜欢利用白天的时间，也有人喜欢在夜晚出没。这些个性化的要求都可以通过混合现实设备实现。

如果你的员工能够自己挑选在哪里工作以及何时开始工作，他的主观能动性就会被大大调动起来，进而更好、更快地完成应做的工作。这不但能让员工在工作时更加认真，还能实现更高的效率。游戏的设置就遵循了这个规律，因为它需要游戏的参与者迅速进入游戏状态，因此要在最短的时间内吸引玩家的注意力。如果它能让游戏者沉迷其中而不知疲倦，那么就是一款设计合格的游戏。在工作上也是一样，工作的难度要符合员工的能力。如果工作过于简单，会显得十分无聊；而如果工作太难，又会带来恐慌和焦虑。因此，如何实现这两方面的平衡也成了一个需要注意的问题。

使用混合现实技术，有助于让员工全身心地投入到工作中。你可以为每个人都设置一个极度个性化的工作环境，这个环境能够完美地匹配在其中工作的人。在这样的环境中，人会变得专心致志且心情愉悦，不必担心被琐事打扰，也不会有其他的负面情绪产生。他只需要做与工作相关的事情就足够了，而无须理会在传统工作环境中偶然发生的让人分心的事情。这时也将不存在工作的延时或者在流程中等待。过去，一项工作在上报和等待批复中会浪费很多时间，但是现在，所有工作的细节都将实时反映到上级部门。他们将会随时跟踪工作的进度，并在第一时间给予回复。

如此一来，可以避免很多毫无必要的资源和时间的浪费。混合现实技术能够让很多人不必在深夜赶红眼航班，也不必在时差还没恢复的时候就睡眼惺忪地参加工作会议。他们只需要在各自的地方约好一个时间，就能实现面对面的交流了。

在未来，我们的生活和工作都将被虚拟现实技术所改变。我们眼前所见的一切可能都来自虚拟，不管是进行一次工作简报还是看一场电影。我们正在亲历一场巨大而深刻的变革，如果你只把眼前正在发生的事当成是无关痛痒的玩笑，那么你就将错失改革带来的美妙成果。

虚拟现实让娱乐更快乐

人类的娱乐方式相比过去已经有了天翻地覆的变化，特别是在电子游戏方面，无论是游戏本身的精细程度，还是人和游戏之间的互动模式，都发生了质的飞跃。电脑或电视游戏诞生的最初年代，我们只能通过键盘和游戏手柄进行操作。虽然游戏越来越精致，但是人机交互模式长期停滞不前，我们无论怎样都还是通过手柄来操作游戏的。后来出现的一个巨大革新是体感游戏，这种游戏可以捕捉游戏参与者的动作，比如跑步、挥手等。这样一来，人们在游戏时就有了更大的参与感。但是这样的互动模式仍然不够完美，随着科技的发展，在未来，我们可能采用一种和今天完全不同的方式进行游戏和娱乐。这种方式现在已经显露雏形，这就是虚拟现实。

研究和开发虚拟现实佩戴设备的科学家认为，虚拟现实这种科技手段将使人类的娱乐方式发生彻底的转变，而这一天距离我们并不遥远。随着资金和人才的持续投入，这种技术将得以飞速发展，并且取得更大的成果，未来娱乐的主要方式，必定是通过虚拟现实技术。

对这种全新的处理信息方式的研究，目前还处于起步阶段。许多大公司和科学家都致力于研究出一种符合人类需要和使用习惯的设备。微软公司的HOLOLENS就是一个很好的例子。这种虚拟现实眼镜采用了虚拟与现实结合的方式，用一整套头戴设备来记录和分析场景，并且用激光全息影像的形式把虚拟内容投射到你的眼前。这套设备包括一个全景相机、一个与人眼等焦距的显示器、全声场扬声器，以及一个功能强大的处理器。这套设备不但能够用来玩游戏和使用微软公司的Windows操作软件，还能让你做很多事情。这一些只需要你动动手指和眼球就能够轻易实现。想象一下吧，你在家里的沙发上坐着，家里的墙壁忽然裂开，一个外星人出现了。他向你发起进攻，而你的手中突然出现了各种武器。你向他还击，并最终保住了你的家园。这一切都如此真实，无论是画面还是声音。你可以凭借这套强大的设备和你丰富的想象把所见之处变成任何地方，甚至来到太空。

德国科学家的研究方向专注于游戏过程中的动态感受。他们制造出来的设备能够让人身临其境，感同身受。这是一套原理十分简单的绳索系统，但是能够通过虚拟现实技术给人带来很棒的浸入式体验。每次游戏能够容纳两个人，他们坐上特制的椅子，并且像坐过山车那样系好安全带。他们佩戴着虚拟现实设备跟随这套系统上升或者下降，运动的轨道和速度都经过精心设计，能够让乘坐者感受到很高的加速度。随着身体的运动，他们通过佩戴的设备能够看到的是诸多规模宏大的场景。例如，在空中驾驶战斗机穿过云霄，急剧拉升或者向地面俯冲，也可能是开着一辆赛车在赛道上飞快行驶。如果忽略巨大的加速度和眼前极度真实的场景给人带来的偶尔的不适感，这种体验无疑是令人十分难忘的。这套设备目前还比较简单，如果能加入其他更高级的技术手段，相信能够达到更加惊人的效果。

虚拟现实技术能够带来全新的游戏体验。佩戴上这种眼镜之后，只要你转动头部，你看到的世界也会随之发生变化。当你戴上了眼镜，就进入了一个虚拟的奇妙世界，这会让你暂时与现实世界脱离，带来更好的游戏体验。你可以来到一座摩天大楼上，此刻你在大楼天台的边缘，距离地面有几百米。你小心翼翼地挪动脚步，而随着你的动作，眼镜会给出最接近真实的反馈。也就是说，你会真的感受到在大楼上摇摇晃晃的感觉，这会让你心脏收紧，小腿发抖。这种体验实在是太真实了，会让你产生错觉，认为你真的是在游戏设定的场景中，这会让游戏更加有趣，更加富有激情和快感。随着科技的不断发展，这种设备将会越来越多，越来越先进。Facebook就加大了在虚拟现实方面的投入，并且收购了开发这种设备的公司，争取不错过这个发展的浪潮。

不仅是在游戏方面，在其他领域，虚拟现实也将大有作为。其中就包括电影制作、远程教育，甚至在医学领域起到重要的作用。有的电影工作者认为，虚拟现实技术的出现，就好像人们刚发明了电视机一样，是一个巨大的跨越。也有医生认为，未来能够通过虚拟现实接口来进行远程手术或治疗，这将极大地缓解偏远地区的医疗难题，空间上的距离将不再成为障碍。

电影技术一直在不断发展着。从拍摄格式从2K到4K，到帧率的不断提升——华人导演李安已经开始尝试使用120帧/秒的高帧率来拍摄下一部作品，电影能够展示的细节越来越逼真。而观影设备也在进化，从巨幕到3D立体电影，都给人带来了不同的全新体验。2013年的电影《地心引力》取得了高达5000万美元的首周票房，而其中超过80%都是3D电影票贡献的。但是观众是从来不会满足的，3D电影已经失去了往日的辉煌，一种更加先进的观影方式亟待登场，而应用虚拟现实技术的VR电影无疑是最好的发展方向。

VR电影和过去的观影形式存在着本质上的不同，它的本质是沉浸式的，就像是看着真人在你面前表演一样。观影的角度也是十分私人的，你既可以欣赏演员的表演，也可以饶有兴趣地观察他穿的衣服或者背后的咖啡店。这样的电影可以看很多遍，每次你都会有不同的发现和感受。而且因为场景十分真实，你能完全体验到表演带来的情绪和快感，当你看一部恐怖片时，真实的感觉也许会让你喘不过气来。

最近，虚拟现实技术还帮助美国的一位老人实现了多年的心愿，而在过去这一点是根本无法实现的。这名身在西雅图的老人平时生活在老人院中。她身体虚弱，行动不便，所以不能轻易出门。她上一次去超市购物，已经是3年前的事情了。现在借助虚拟现实技术，她戴上了眼镜，就可以感受到和远方的家人在一起欢度感恩节派对的场景。她虽然没法闻到烤火鸡的气味或是真实地触摸到她的儿女，但是她能够看到和听到他们，这已经让她很满足了。和她一样，这个老人院中的很多没法自如行动或者长途旅行的人，已经借助虚拟现实设备来满足了很多心愿。他们可以去世界的各个地方，见到那里的景色。他们虽然身在老人院，但是整个世界都在他们眼前铺开了。

除了头戴设备，游戏设计师们还想让游戏的参与者能够感受到更加美妙的细节。于是他们借助最新的技术设计了带有传感芯片的服装，这种前所未有的设备能够让你更好地沉浸在游戏中，彻底进入游戏角色。这种服装能够把游戏中的所有感觉真实地体现在你的身体上，比如下雨时你会感到自己被淋湿，而子弹打在身上或者炸弹爆炸，也会让你感觉到疼痛——当然这种疼痛不会让你放弃游戏。

还有一种传感服装则做得更为极致，这种服装能够捕捉你的所有动作，并且导入游戏中。在服装的很多位置都装有能够释放出微小电流的装置，而这些装置能够带给你诸多不同的体验。和服装配套的是巨大的头盔，头盔里包含扬声器和现实装置，让你能够全方位地感受游戏带来的刺激。这种超级真实的感受，无疑是非常刺激的。

2015年，在美国的犹他州出现了世界上第一个以虚拟现实为主题的大型游乐公园。在这里，你可以进入一个神奇的虚幻世界。当你走进公园，你就不仅仅是一个参观者，而是整个游戏世界的参与者。你能够和公园里的所有事物产生互动，并且得到梦幻般的体验，仿佛并非置身于之前所处的星球。在这里，你看到的一切都显得无比真实，甚至会产生一种错觉，那就是你找不到回归现实世界的大门了。这些都是设计师们通过最先进的虚拟现实技术来实现的。他们为这个主题公园专门开发了一套程序，并且把虚拟现实技术和真实的布景结合起来。进入公园的游客将佩戴上一个有显示器和扬声器的头盔，并戴上具有丰富触觉反馈的手套。于是你不仅能看到这个虚拟世界中的东西，还能亲手触摸到它们。你不会知道自己摸到的是真实的布景，还是通过科技手段虚拟出来的事物。游客还会穿上带有很多震动单元的背心，这样一来，得到的感受就更加全面了。相信我，一旦你体验过了一次，就会爱上这种游戏并且难以自拔。

一种远程控制系统借助目前最先进的技术，能够捕捉人类的动作，让人在千里之外实时控制一个机器人。这个系统想要达到的目标是，只需要在一个房间里做动作，全世界对你来说都触手可及。这就好比日本动漫中的任意门一样。人们或许想要前往世界上的很多地方，或者和那里的人发生某种联系，但是受限于种种原因无法做到。那么人们就可以借助这套系统，在足不出户的前提下游历很多地方，并且开展很多活动。

远程控制的机器人带有摄像机，能够把它看到的东西实时传送回来。更为先进的地方在于，机器人能够触摸到的食物，通过传感器反馈给控制者，让人感受到这件事物的质感和温度，这样一来，虚拟的事物也会产生一种无比接近真实的感觉。触觉在很多时候是我们确定一件事物的关键感觉，只是看到了一件事物，并不会让人信服，只有真正触摸到了，才会给人一种“这才是真实的”这样的感觉，这也就是所谓的存在感。

另外，科学家们现在已经开始对同步传输嗅觉的研究。因为嗅觉是变化的和不确定的，所以对这种感觉的传输存在一定的困难。科学家们在选取一些味道相对来说比较固定的样本来进行实验，并且成功地通过智能手机进行了传输。这些味道包括咖啡、牛奶以及一些常见的蔬菜。随着研究的不断深入，我们有一天可以在打开一张美食照片的同时闻到它的味道，这将是一种十分有趣的体验。

人类对未知的世界永远抱有十足的好奇心，这种好奇心驱使着我们达到了如今的高度。但是因为人的生命是有限的，而时间和空间的距离障碍是天然存在的，所以单独的一个人类个体无法到达他所梦想到达的一切地方。但是借助远程控制和传输手段，我们驱使一个机器人去做我们自身无法实现的事情，这将给人生增添不同的意义。想想看，未来的某一天，我们穿上虚拟现实的设备，在自己的家里就可以穿越热带雨林，或者登上雪山，在山巅眺望脚下的巨大世界，那一刻我们将毫不怀疑，人类可以到达任何地方。

人类会住在天空、地下还是海洋

人类未来会住在哪里？人类的住房和建筑将会变成什么样？关于这个问题，建筑界已经给出了丰富的设想，我们可以看到各种各样的图纸和3D模型，对那些或是华丽或是古怪的建筑充满了期待，但要知道，这些关于未来建筑的设想并不仅仅源于畅想和好奇，而更多源于人类对未来生存的担忧与恐惧。

古希腊神话里有几个主神，他们统治的领域几乎占据了人类已知的所有空间，这几个神就是天空之神宙斯、海洋之神波塞冬和大地之下的冥神哈迪斯。天空、大地和海洋，这三者是人类对环境最基本的概念。因此，我们未来的居所无外乎会向这三个方向进行更深的拓展。

众所周知，人类面临着严峻的气候问题，自然温室气体为人类提供了生存条件，但也像海绵一样源源不断地吸收着人类活动产生的能量，而后反射回地球，形成温室效应，地球温度因此不断上升。温室效应对人类最直接的威胁就是会使冰层融化，海平面上升，海拔相对较低的陆地将会被海洋淹没，人类能够居住的土地越来越少。虽然土地变少了，但全球人口却在逐年增长，人均用地减少，我们可以想象一下，或许有一天，全世界的人只能挤在一小块土地上，而这块土地依然在变小，不断有人被挤出土地，掉进茫茫大海。

人们为未来的生存空间担忧，因此我们可以看到建筑师们设计出更高的摩天大楼，像通天塔一样伸入云霄，利用更小的占地面积承载更多的人口，它们能够容纳一座城市或一个小国的人口。我们不妨设想未来会有一座摩天大楼能够容纳一个大国的人口，不知地球能否承载如此高度的建筑。

通天总归有极限，人类的想象力还会通往地下。地下摩天大楼的设想正在逐渐受到广泛的关注。大型地下建筑的开发往往利用山洞、熔岩洞等自然形成的空间，以及废弃的矿山、废弃的地雷和导弹发射井等人工修建的地下工事，根据原有的结构进行再次利用和改造。相比地上空间而言，地下空间虽然相对闭塞，但也不乏优势，例如，地下空间更少受到外部环境的影响，外部的自然灾害和人为破坏都不会给地下建筑带来太多威胁；而地下盐矿等空间可以作为一些疾病的疗养地。

目前，一些国家和地区已经修建了地下公园、地下游乐场、地下酒店、地下疗养所、地下实验室等建筑设施，但建造能够适合人类长期居住并有足够容纳量的地下建筑似乎还是个难题。虽然已经有人设计出了35层的倒金字塔结构地下大楼，作为向下延伸的建筑，这样的结构能够让施工相对便利，建筑主体稳固，但这样的工程仍然是一个挑战，如果能够成功实施，将会带来世界瞩目的影响。城市地下空间规划学这一新学科已经出现，这项科学研究地下城市等地下人口聚居空间，以及地下建筑与地下空间规划。人类的地下居住挑战或许已经开始了。

我们之前说过，人类能够居住的土地越来越少，在未来，人类或许很难再找到可以建筑房屋的土地，而在建筑房屋的同时，还要考虑土地是否适合耕种、温度是否宜居、人类在那里能否生存。我们的建筑可以越来越伸入高空，或是越来越深入地下，但土地面积有限，如何养活如此庞大的人口？在人工建造的建筑中，如何创造出大自然赐予土地的那种宜居环境？

当资源已经极其有限，自给自足就成了唯一的途径。迪拜的垂直城市设想是一座2400米高的建筑，它包含了一座400米高螺旋尖塔，这座尖塔可以生产能源，而风能、热能、太阳能等自然能源则可在建筑中循环再生。迪拜的另一个设想——金字塔可持续城市则利用风能提供建筑内所需的全部能源，其中的景观用地不仅可以用于休闲娱乐，还能作为耕地，产出食物，完全实现自给自足。

在新加坡有一座未来绿色建筑，它名为EDITT绿塔。该建筑物有26层高，整个建筑的供电都通过光伏电池和沼气发电来支持，其中，太阳能光伏发电能够为大楼提供40%的耗电量。大楼拥有尽量模拟自然条件的通风系统，而不是像传统建筑那样只能依赖空调。整个建筑物的一半都由绿色的墙体覆盖，这层墙体能够遮蔽阳光，同时还能为大楼提供新鲜空气。这座大楼中55%的用水是由循环系统提供的，大量节约了水资源。

来自日本的大成建筑也设计了自己的环保建筑作品。这个名为“X-Seed4000”的巨塔计划的建筑高度达4000米，比日本的富士山还要高出200多米。这座巨塔的设计思路结合现代的高科技生活方式和贴近自然的生活环境。整个巨塔都将通过太阳能来提供电力，并且能够随时根据天气的变化来调节巨塔内的光照强度和温度等。这个建筑具有钢结构的主体，外墙用太阳能电池板覆盖。建筑物的采光尽量使用自然光，并且在内部设置了各种自然景观，如人造的公园和绿地等。建筑物中使用的水，100%来自水循环系统。

人类的建筑设想上天入地，当然也少不了海洋。如果气候环境导致海平面持续上升，或许地球在未来真的会变成一个海洋的世界，那么在我们之前想象的那种人们被挤进海中的糟糕情况出现之前，建造海上家园就成了必然的设想方向。

法国科幻小说家儒勒·凡尔纳有一部名为《机器岛》的科幻小说，小说中描述了异想天开的美国资本家们设计出一座在太平洋海域漫游的流动岛，以供这些大富翁们居住。这座机器岛的外壳由钢铁建造而成，整体长七公里、宽五公里，靠两台千万马力推动机作为动力。这座岛的中心是一座名为“十亿城”的现代化的城市，城中设施齐全，可以满足一切生活和娱乐所需，为定居于此的居民们提供了安逸的生活。

在美国，海上城市已经不仅存在于科幻小说中，佛罗里达州的一家企业已经设计出世界上第一个“漂浮城市”，名为“自由之舰”。这座城市目前还停留在设计阶段，只是一个人们理想中的概念，还没有动工。该城市的外观看起来就像是一个巨大的立体停车楼。最近发布的这座虚拟城市的设计图中展示了它的一部分功能。在预想中，这座城市能够让大约5万名居民生活在其中，里面有完善的生活设施，如医院、商场、公园、医院和娱乐场所。在这座高达25层的建筑物顶端还有一个机场，能够起降40座以下的小型飞机。在这里生活的居民想要踏上陆地，或者外面的人想体验一下漂浮的感觉时，他们就可以乘坐飞机出入城市。这座漂浮着的巨舰利用海浪的潮汐和起伏提供一部分动力，另一部分则靠太阳能发电来解决。这座城市并不是固定在一处的，它可以在大海中四处游弋，能跨越大西洋，从美国东海岸去往欧洲。

而日本清水科技公司则将水上空间和高空空间结合利用起来，提出了一种未来水上城市的设计概念——“巨大睡莲”状水上迷你城市。这座水上建筑群中含有很多社区，每个社区能够居住1万～5万人，宽度能够达到1公里。这些社区能够在海上独自漂流，也可以把几个社区组合在一起，从单独的社区变为小型的城镇，如果组合在一起的社区够多，也能够形成一个大城市。如果这样的社区群都有各自独立的生活方式和主张，那么它们就可以被看作是一个漂浮着的国家。每个社区上都建有一个巨大的建筑，所有社区居民都在这座建筑中生活，所以它的高度能够达到上千米。这座社区的所有废弃物都能回收并加以利用，不会留下任何垃圾。能够焚烧的被焚烧以产生能量，不能焚烧的也会通过其他形式来获取能量。这些社区主要停留在赤道附近，这里气候稳定，并且将使用发达的科学技术预测和避免灾难性天气。

另外一个未来建筑师文森特来自比利时，他也设计了一个漂浮在海上的城市模型，名为“百合花”。这座城市与前述几个城市模型的区别在于，这是一座两栖城市，也就是它不仅能停泊在海中，也可以登上陆地，这就大大加强了它的巡航能力。设计师的预想是，如果有一天地球上现有的可居住区域发生了巨大的灾难，以至于不再适合人类居住，这座漂浮的城市能够带着其上的居民逃离险境，并最终到达一个适宜人类生存的地方。这个未来城市的设计规模达到了约0.8平方公里，城市中所有的建筑物的屋顶都被草坪覆盖着，四周环绕着人造山脉，中间有各种河流和湖泊。这座城市的产出完全能够满足自身的需要，而无须依赖外界的资源。这里的水100%能够循环利用，产生的废弃物也被回收处理之后使用。这座城市将使用太阳能、风能和潮汐能来提供能源，不使用任何化石燃料，足够环保并且可持续发展。

人类未来究竟会住在哪里呢？或许我们以上所做的设想都对，人类会向所有能够达到的角落扩张，为人类寻找一个合适的家园。未来的环境需要人类自己来维护，而最终到达的那一天或许并非人类造成的。我们需要做好准备，进入天空、地下或者海洋。同时我们仰望天空，那里或许也有人类未来的家园。

改变食物的获取和进食方式

人类的文明史，其实就是获取食物方式的进化史。在人类的进化过程中，食物的获得和进食方式也是一直在进化的。从另一个方面来说，饮食习惯也能反过来促进人类的进化。早期人类主要靠捕猎和采集的方式来获取食物。最开始，人类采摘树上的果子和植物的种子。后来，人类学会了制造工具，其中包括用来捕猎的各种武器，比如标枪和弓箭。人类开始能够使用工具来获取肉食，而肉食能够大大增强人类的体力和智力，所以在接下来的很长一段时间里，肉食都成了人类的主要食物。

随着人类进入了新石器时代，文明程度得以提升。一部分人开始了农耕的定居生活，靠种植植物来收获种子，然后对这些种子进行加工，最后制成食物。还有一部分人类过着逐水草而居的游牧生活。他们蓄养动物，靠放牧喂养它们。在动物成熟后，获得它们的肉和奶制成食物。这两种方式都让人类摆脱了环境的束缚，获得了自主获取食物的能力，这让人类得以更好地生存和繁衍。

工业革命开始之后，因为工业和农业水平的大幅度提升，游牧民族开始逐渐消失。因为想要获取食物，就要获取足够多的土地。当孟德尔通过实验发现生物的遗传规律之后，科学家得以培育更多的食物品种。他们通过把几种作物进行杂交和嫁接的方式，获得了产量更高的种子。另外，随着化学工业的发展，人类更多地使用化肥和农药来实现作物的抗病和增产，并取得了巨大的成功。

现在，我们正处于转基因作物从开始培育到大规模普及的阶段，有关的争议一直没有停止。同时，因为在种植作物时大量使用农药，因此食物中难以避免地存在药物残留，成为威胁人类健康的潜在杀手。工业的发展带来了环境的恶化，土地也逐渐变得不再纯净。和过去相比，食物被污染的可能性大大提高，人类将不得不面对高风险的食物。

因为人类平均寿命不断延长，使得地球上的总人口数持续增长，已经突破了70亿。未来，人口数会变得更加庞大。全球的人均耕地面积正在不断降低，也就是说，土地已经很难养活更多的人了。土地的减少在一些地区造成了严重的饥荒，甚至因此引发了很多战争。人类如果想要填饱肚子，就需要寻找其他的食物来源。到20世纪中叶，地球人口将很可能突破100亿大关。到那时，如果还是找不到获取食物的好办法，人类或许真的会开始忍饥挨饿的生活了。

但是人类是不会任由这种情况持续恶化下去的。科技水平的日益提高以及自动化的普及，让人类拥有了可以改善获取食物方式的手段，这就是各种智能机器人。那些具有独特的算法、能够自我学习的智能机器人，将会在未来引发食品的革命，让人类能够用更少的土地养活更多的人口。在未来，我们将使用卫星来精准地预测自然灾害，以便能够提前采取措施避免损失。将会出现一种智能机器人，能够自动识别感染了病害的植物，并将它杀死，以免造成大规模的传染。还会出现很多移动终端的应用软件，通过这些软件我们可以获取作物的更多信息，实时监控它们的生长过程。

未来的智能设备将能够进行自我学习，这种强大的计算方式能够让编写软件的工程师不必输入明确的指令或是随时进行更新，而只需要告诉设备该如何学习就可以了。当你告诉计算机，植物出现哪些特征就代表着已经或者将要发生病变，计算机就会把这些特征当成标签来进行自动的识别和判断。数据不断累积和更新，一段时间之后，计算机将会具有强大的分辨能力，迅速找出疾病并判断病因。你可以选择设定为让它报告给使用者，或者自行处置。

很多植物之所以出现疾病，可能并不是真的感染上了细菌，而是本身的生存环境出现了问题。比如缺乏成长必需的微量元素，或者是日照和温度不合适。在过去，当作物出现疾病的症状时，人们通常急于使用农药，但是这样也许并不能马上解决问题，不但浪费了大量金钱，还会错失采用正确治疗方式的最佳时间。现在，有了人工智能的帮助，人们可以迅速和准确地找到作物发病的原因，从而对症治疗。

农业在不同国家呈现出不同的困境和需求。比如，发展中国家的主要问题在于农业知识的不足，需要大量专家为他们提供最新的知识和技术。而在发达国家里，人们面对的却是技术过剩和过时的生产习惯。在农药和杀虫剂刚被发明出来时，确实解决了发达国家的很多农业问题，这就造成了当地的农业生产者十分依赖这种解决问题的方式。现在，美国的农民每年要使用超过3亿磅除草剂，这些化学药剂被毫无差别地使用在所有农田里。这些药物并非没有起到任何作用，但是它带来的负面影响正在超过原本的积极意义。虫害虽然减少了，但是健康的作物也因此有了农药残留，带来了更多隐患。

为了解决这个问题，有人开始转变思路，并且提供了一些解决方案。一种除草机器人出现了，虽然看起来像是一台拖拉机，但是这种机器人能够迅速分辨出哪些是杂草而哪些是经济作物。更美妙的是，这种机器人能够自我学习，不断更新自己的数据库。它在田间行进的时候，可以对面前所有的植物进行拍摄，并且快速对照片进行分析。通过与数据库中的信息比对，它能够马上识别出有害的杂草。

在识别出了哪些是杂草之后，机器人能够精确地对杂草进行定位，并向它喷洒药物。它不但能识别杂草，还能判断作物的长势是否达到要求，如果植株发育情况不理想，也会被消灭。当两株植物距离很近的时候，它不会误认为这是一大棵植物，而是会加以区别，不会把药物一股脑儿地洒上去。这样能够避免误伤，并且极大地提高了农药的使用效率。试想一下，如果一个城市中出现了一种疾病，我们过去通常的做法是给每个人都开上一堆抗生素，而现在只需要找到患病的病人并且治好他们就可以了。和前者相比，现在的方法能够节省很多精力和成本，并且不会给健康的作物造成影响。

海洋是地球上拥有资源最多也是最丰富的部分，人类早就已经能够从海洋中获取食物，并且这种行为已经造成了海洋生态环境的恶化。但是实际上，海洋是如此广袤，虽然人类已经对海洋进行了相当程度的开发，但是仍然有很多领域是人类从未涉足过的。如果在未来我们能够想到解决的办法，那么我们就不必只依赖于陆地，海洋也将成为未来的食物之源。

最后，人类已经开始了探索太空的旅程，太空环境也可能成为下一个获取食物的地方。在未来，我们可能吃上在月球种植的蔬菜。这并非天方夜谭，而是科学家正在努力研究的新方向。科学家们正在尝试使用温室技术让蔬菜能够在太空环境中生长，并且将会通过月球探测器将装有种子的微型温室带到月球上。如果这项研究能够取得突破，那么人类就将获得一大片从未被开垦过的土地。虽然这种方式的种植成本就目前来说还是太高了一些，但是随着科技的发展，在未来可能得到普及，让成本大幅下降。有朝一日，我们可能吃上来自太空的食品，并且习以为常。

还有一种可能，就是人类创造和培育出全新的食物来源。在未来，如果你去餐馆里点上一个牛肉汉堡，那么这种汉堡里的牛肉很有可能并非来自某一头牛的身上，而是由一个牛的细胞发育而来的。这种牛肉将会完全按照人的意愿生长，如果你想要绝对健康，那么就可以要上一份完全不含脂肪的肉。这可不是夸夸其谈，这种肉已经能够在实验室培育出来，并且供人们试吃了。它的口味和口感与天然的肉食十分接近，而且更加健康。一些科学家认为，到20世纪晚些时候，人类的主要肉类供应都将来自试管，而不是牧场。因为养殖动物需要占用大量的土地，但是土地早就成了稀缺资源，牧场的面积不能再扩大了。同时，因为畜牧业能够制造大量的温室气体，所以对环境的破坏十分严重。应用试管技术，能够减少甚至杜绝温室气体的排放。

在未来，我们吃到的水果可能都来自居住的楼顶或者楼里的小型果园。未来的房屋建设会更多地考虑到自给自足的能力，能够小规模种植一些作物，例如水果和蔬菜，用来满足这座房屋的居住者的需求。如果能够做到这一点，那么不但环境能够得以改善，我们也可以和自然打成一片。

我们生存的环境正在不断恶化，如果这种趋势得不到改善或者逆转，那么很多现在常见的食物都将消失在菜单上。例如，咖啡和巧克力可能会消失，面包也不会有现在这样多的口味，更别提什么鱼子酱了。鱼类将会大大减少，但是水母的繁殖正在呈现爆发式的增长，所以或许你会喜欢上吃水母的。当然，就算不喜欢也毫无办法。

人类的科技进步已经使我们获取食物的方式和进食的方式都发生了巨大的改变，其中的一些确实让我们的生活更加便利。但是我们同时也应该看到，可持续发展才是让人类生存下去的唯一道路。在未来，人类将会继续应用自己的智慧来解决一个又一个难题，希望我们可以永远不需要为食物发愁，并且能够不断地获得更加美好的食物。

服饰和家居的改变

人类从刚刚进化为高等生物时的赤裸身体，到文明初开时用树叶遮挡身体，再到后来学会了织布，从而发展出各种各样的服装。对于人类来说，服装早就脱离了最初的遮羞的目的。它能为我们保暖御寒，也能让我们避免伤害，甚至成了表达人类审美趣味的一种形式。那么随着时代的发展和科技的进步，服装又会有怎样的进化呢？未来的人类将会身着什么样的服装行走在那个充满奇幻的世界中呢？

我们说，服装早已超出了“衣服”的范畴，而成为一种具有多种功能的必需品。在未来，我们生活的环境可能会变差，甚至会时而发生灾难，这时，拥有一件不仅能够抵挡灾害的侵袭，还能让我们在灾害发生后立刻恢复信讯并且开展自救的服装就很有必要了。虽然这样的服装现在尚未出现，但是设计师和科学家们正在共同努力，争取早日实现这一创举。

事实上，现在的服装面料已经和传统面料存在很大的不同了。无论是透气性能还是保暖性能，抑或是防风和防水性能，都和过去不可同日而语。这些面料使用了高科技，在剪裁和工艺上也更加突出，兼顾了美观性和实用性。

一些面向未来的服装具有很多强大的新特性。例如，它们是如此合身。过去的服装即便经过十分细致的量体裁衣，也难以做到与身体完全贴合，更别提在成衣店里买到的成衣了。而有些时候一件合身的衣服是很有必要的。因此，一种类似涂料的服装出现了。当你想要穿上衣服时，只需要选择喷头——这取决于你想要哪种颜色的衣服——然后按动它，一层涂料就会喷洒在你身上然后凝结成一件衣服。这层衣服不用沾到你的皮肤上，也不会和其他的衣服发生相互浸透。当你想要脱下来时，能够十分轻松地脱掉。

相信我们每个人身上都曾经发生过这种情况，那就是当我们在嘈杂的环境中或者正在打瞌睡的时候，经常会错过一些重要的信息或者电话。现在，科学家发明了一种衣服能够让你避免这种问题的发生。这种衣服能够和你的无线设备相连，一旦它发现你收到了信息或电话，而你没有马上接收时，它就会收紧，让你产生被人紧紧拥抱了一下的感觉。这时你就会知道你有个电话要接。当然为了避免不必要的打扰，你可以进行有针对性的设置。

我们在服装上投入的最大的精力应该就是衣物的清洁了。为此我们发明了各种洗衣设备和洗涤剂，但是一件衣服被我们抛弃的最终的原因之一，就是它变脏且无法再复原了。尤其是对于从事极易受到污染的工作的人来说，无论是画家还是粉刷工人，他们不得不经常穿着被污染过的衣服，因为他们换衣服的成本实在是太高了。现在，科学家们解决了这个难题。他们发明了一种面料，能够防水、防尘，并且能够预防几乎所有可能沾在衣服上的东西。染料碰到衣服上，抖一抖就干净了。如果想要全面防护，还有同样面料的头盔和靴子可以选择。如果你是一个画家，尽可以穿着这种衣服进行创作，并且不怕沾到颜料了。

传统的服装面料要么采用棉麻作为面料，或者使用人工合成的原料。现在除了这些原料之外，科学家们又发明了一些其他的具有可持续发展性的面料，那就是生物面料。这些面料通过培养细菌制造纤维素制成，也可以说，这些面料是“种”出来的。目前，培养细菌面料的原料除了细菌之外，还有作为培养基的茶叶和糖。

茶叶加水久煮后会变成深红色的液体，然后放入培养池中。这时的茶水仍然有很高的温度，此时加入糖并加以搅拌，使糖彻底溶解。当糖茶溶液的温度达到30摄氏度以下时，向生长池中加入活性微生物，也就是菌类。温度是个很关键的因素，如果温度太高，这些细菌就会被杀死，从而丧失活性，下一步反应就无法顺利发生。这个准备过程的最后一步是再加入醋酸，并且保持恒温。这之后的事情，就要看时间了。

首先，细菌溶液会开始冒出气泡。随后，表面出现类似蜘蛛网一样的东西。这是由于细菌从糖里得到了养分并且开始增殖，生长出一片菌丝。事实上，这和蘑菇生长的原理是完全一致的。这些菌丝是纯度非常高的纤维，这些纤维层层叠加变厚，最后成为一整块纤维布了。从细菌培养液投入生长池，到最后的收获，大约要经过三周的时间，成果是一块厚度能够达到2.5厘米的厚毯子。

这些细菌纤维布料收获之后，首先要进行蒸发处理，因为它里面含有大量的水分。在晾干之后，会形成一层接近透明的纤维层，这就是最基础的布料。设计师们可以用这种布料层层叠加并染色和剪裁，成为款式和厚薄不一的各种衣服。需要说一句，用来给这种生物布料染色的同样也是生物染料。这些染料都是从水果或者蔬菜中提炼出来的。

新型的衣服还能帮助人们随时了解自己的健康情况。这些就是现在被很多科学家研究的智能型衣物。他们结合了我们前面说到的各种新型面料，并且在面料里集成了各种芯片和感应装置，能够监测我们的一举一动。如果一件衣服里内置了心率测量设备，那么我们就能随时查看自己的心率、心脏水平以及疲劳程度等，让我们能合理安排工作和休息的时间，并且能够知道什么时候该去看医生了。还有些智能服装与其他的智能设备配套使用，能够把穿戴者的身体数据实时传输给电脑，记录并分析这些数据，综合评估一个人的健康程度，当身体出现不适或疾病之前，能够提前预知并给出建议。

说过服装之后，还有一点与我们的生活息息相关的外部设备就是家居环境了。和远古时代相比，我们的生活已经有了本质的飞跃。不但有了各式各样的烹饪工具和容器，还有让我们的生活变得更加舒适的其他摆设和装置。这也是我们作为高等生物与自然界的其他生物加以区别的一个重要方面。那么，在未来的生活中、在我们触手可及的地方，又会出现哪些家居产品呢？

首先，智能化是未来的一个趋势。我们的生活日趋智能化，所以家居也要跟随时代的脚步向智能的方向发展。尽管就目前来说，家居的智能程度还不是很高，还有很大的进步空间，但是我们仍然有很多选择。很多大型互联网公司已经进入了这一领域，比如我们这个时代最伟大的公司——苹果和谷歌。因此在这个新兴的市场上竞争已经悄然变得激烈，我们首先要选择一个平台。这个平台可以是苹果的Homekit，也可以是谷歌的Brillo。对平台的选择关乎日后选择哪些设备和它进行配套。目前来说，两个平台的接口都很多，相对来说，苹果平台的设备比较单一，而谷歌的更加开放。

智能家居之所以被称为智能，是因为不必像传统家居一样，必须对每件设备都亲自碰触才能开关。在未来，我们可以通过手表或者其他无线设备管理整个家庭里的所有东西。不管是想要打开和关闭灯光或者电视，还是预约煮饭或者洗衣服，只需要你舒服地窝在沙发里动动手指，就能完成这一切。诚然，现在已经有很多设备能够用遥控器来操作，但是每个设备都有独立的遥控器。未来，所有的遥控装置都会变成一个个App，你只需要在一个移动终端上安装，然后就可以控制整个家了。

当我们回到家里，通常要做的第一件事就是开灯。因此，灯光管理是智能家居的入门选项。现在已知的效率最高、最节能的是通过无线Wi-Fi控制的灯泡。除了提供最基本的照明功能之外，它还能提供一定程度的预警作用。这种智能灯泡能够通过智能手表——例如Apple Watch——来控制，十分便捷。它所采用的LED的照明方式也十分节约能源，要达到同样的光照强度，只需要耗费传统的节能灯泡1/3的电能。

我们当然还会在家里烹饪。无论是简单地填饱肚子，还是做一顿大餐，都离不开一个好的厨房。好的厨房设施会让人心情愉悦，无论是做饭还是吃饭的过程都无比舒适。在未来的智能厨房里，首先会有一个智能的冰箱，让你随时掌握家里的食材储备情况，提醒你哪些食物需要尽快食用，哪些已经快要吃完了需要加以补充。智能的烹饪设备，例如锅和铲子等，会让下厨变成一件简单的事，而你也能摇身一变成为米其林大厨，为家人或爱人做出一桌丰盛的晚宴。还有智能咖啡壶帮你煮咖啡，智能洗碗机帮你收拾残局。一旦有了这些，做饭就变成了一件很酷的事情。

如果当你不在家的时候也想要了解家里发生的事情，比如是否有不速之客，或者家里的宠物随处小便，那么你就需要一款智能摄像头。目前市面上有很多产品，能够满足你不同方面的需求。通过这些产品，你不但能随时看到家里的一切动静，还能够联网报警。你只需要在随身携带的移动设备上下载相应的软件，之后当你打开这些设备，就能看到家里正在发生的一切事情。当然，还是来不及清理宠物的便便并且教训它。说到安全，除了摄像头之外，还有一些智能安全系统能够为你的家提供全方位的保驾护航。一整套系统不但包括更为全面的摄像头，还有智能门锁，支持各种解锁方式。

将如何与他人通信

人从来都不是孤立地生活在这个世界上的。我们都知道，人是社会性的动物。在组成社会的同时，个体和个体之间、个体和群体之间以及群体和群体之间都必然要发生信息的交流，这时就产生了通信。早期的通信可能是口信或动作，就像蜜蜂通过跳舞的舞姿不同来传递信息。文字出现之后，出现了各种样式的信件，这种通信形式持续了很长时间。后来，当电报和无线电出现之后，人类第一次能够跨越空间距离的阻隔，在第一时间分享信息。如今，随着科技的不断发展，我们的通信形式又发生了翻天覆地的变化，交流变得前所未有地便捷。在这个信息爆炸的时代，一种从前没有的“病”出现了，那就是手机依赖症。因为人们如此渴望随时与他人交流或者从外界获取信息，以至于要使自己一直都保持在线状态。那么，未来的通信方式又会出现怎样的进化呢？人类会如何更加高效和便捷地传递信息呢？

我们已经进入了一个全球化的时代，可以用“地球村”这个词来形象地比喻我们所处的世界。因此，如果想和世界任意角落的人实现无障碍的交流，首先需要过的就是语言这一关。因为语言之间的差异，同一个信息可能会造成不同的理解，甚至是曲解或者误解，这在某些重要的场合会十分尴尬。虽然很多科学家和研究机构正致力于解决实时传译的问题，但是仍然有很多难题等待着攻克。

当今时代，各种移动设备大量出现，使我们的生活获得了极大的便利。这些移动设备经历了数代的发展，如今被我们大量使用的是采用触摸形式进行人机交互的设备。除了手机和平板电脑之外，大量家居用品和器具都开始支持触摸控制，我们正处于一个被触摸设备包围的世界里。但是这种形式还会向前发展，并且已经出现了初级的替代品。语音和手势控制正在崭露头角，这些技术解放了我们的双手，让人可以不必停下手中的其他工作，即可完成控制过程。

在语音控制方面，苹果率先推出了Siri技术，这是一种拟人化的语音操作助手，虽然功能还不够完善，但是为下一步的研究引领了方向。另一个探索方向是使用手势。人们不需要直接触摸设备，而是利用设备自带的镜头和感应元件对人的动作进行捕捉，从而只需在空中做出某种手势即可进行控制。另外一些处于研究阶段、尚不成熟的技术则包括增强现实技术和脑机接口技术等。所谓的脑机接口技术，是指通过技术手段，让电脑能够读懂人类的想法，并实时对设备加以控制。

谷歌公司开发了一款增强现实技术的随身移动设备，这就是谷歌眼镜。这种眼镜的终极目标是可以在你的眼前显示各种信息，并且能够完成通话、拍照、处理和发送信息等移动设备通常具有的功能，而这一切最酷的一点在于，你完全不用使用自己的双手。目前已经发布的谷歌眼镜还处于初级阶段，因此很多功能还需要进一步完善。随着各种技术手段的成熟，相信它会成为一种强大的通信工具。

我们现在经常通过视频的方式来进行交流，无论是人与人之间的联络还是进行视频会议。这种传统的视频方式有一个缺点，那就是在进行视频通话时，要固定在一个位置上或者出现在摄像头能覆盖的范围内。之所以要这样做，是为了让设备能够随时获取我们的影像来完成传输。但是就像我们有时会边接电话边做其他事情一样，视频通话时可能也有别的工作需要完成。在未来，或许会出现一种新的视频通话形式，能够允许人们在进行视频时无须停下手头的工作或者固定在一个地方，从而实现更加灵活和便利的交流。

过去，我们习惯于通过通信软件的聊天窗口来交流信息，这种即时通信工具曾经是必备的生活和生产工具。但是现在，越来越少的人会通过这样的方式交流，他们更青睐于使用社交软件中的即时通信，也就是内嵌式的通信工具。当你在浏览好友的Facebook页面时如果想要和他进行交流，只需要进行评论就可以了，你的朋友可以即时收到评论，而你则无须切换到专门的通信软件上来进行这些操作。这种方式是未来发展的趋势，有一天，传统的通信软件或许将成为历史，而所有网站都将使用内嵌式通信入口。

现在的无线网络传输除了Wi-Fi之外，更多时候我们需要使用移动通信服务商提供的移动网络。目前普遍采用的最高传输标准是第四代标准，即4G通信网络，5G网络还处于实验阶段，没有大规模推广。4G网络能够实现高速的数据传递，下载速度能够达到100Mbps。初代的拨号联网方式的传输速度，只相当于它的1/2000。目前正在开展实验的5G网络，下载速度更是达到了不可思议的3.6Gbps，用这样的速率进行下载，一部无损格式的高清电影只需要几秒钟就能够下载完成，到那时，信息的传播方式又将实现质的飞跃。

我们仍然在探索传输速度的边界，或许在未来，能够限制我们的就是移动网络的速度。科技在不断进步，各种技术革命也在悄然发生。我们需要对发送移动信号的设施进行重新设计以拓展它的带宽，同时或许需要对如今的移动运营模式加以改进。如果移动网络能够实现长足的进步，那么在可以预见的未来，信息将以真正意义上的同步方式进行传播。

在新时代的互联网通信方面，出现了一个新的名词，这就是物联网概念。从字面意义上来看，物联网指的就是实现物与物连接的网络。从本质上来讲，物联网仍然是以互联网为载体的，必须依靠互联网才能实现自己的功能，并且以互联网为基础向外进行扩展。互联网的终端通常是人类，再由人类对物品进行操作，但是物联网则可以实现物品和物品之间的直接互联，在它们之间实现信息的分享和交换。在个人计算机大规模普及和全球互联网的兴起之后，信息技术的第三次发展高潮就是物联网。

物联网应用了当今最先进的技术和设备，利用大数据的计算和诸多软件的协同与扩展，实现了物品之间的实时连接。因此，物联网不仅仅是一个网络，更是一种应用工具。能够让物联网更进一步的，是参与其中的各种应用软件。它们不断完善自身的功能，带给用户更好的交互体验。作为互联网的扩展和延伸，物联网代表了未来的发展方向，它把互联网上的所有资源都整合到了一起，实现更加智能的控制和信息交流。

电子通信的发展从诞生到深入我们的生活，经历的时间很短，所以说它的发展是爆炸式的，这就带来了一定的安全隐患。因为人们现在无时无刻不在使用互联网进行信息交流，因此获得信息的成本变得前所未有地低，效率则相应提高了数倍。但是我们应该注意的是，互联网在带给我们便捷和高效的生活的同时，也让个人信息前所未有地暴露在这个世界上，这时候，信息安全就变得无比重要。

我们总是能够见到一些关于信息泄露或者情报安全的新闻，其中有正面的、推动世界变革的，比如维基解密或者斯诺登。但是大部分信息泄露都造成了公众安全的损害和财产的损失，为各种商业和电子诈骗提供了素材，所以，信息安全是一个巨大的隐患。在这方面，目前只有一种形式能够保证绝对的安全，那就是量子通信。这种方式是建立在量子理论的基础上的，是一种完全不同于传统加密技术的通信形式。

在量子理论中，每个微观粒子都呈现量子态，也就是说，不可能同时测得它的位置和速度，并且一旦对它进行了测量，它的态就会受到影响，而且这一影响是不可逆的。当你观察这个粒子的时候，它就已经发生变化了，而它原来的状态也是未知的。也就是说，你无法在不破坏量子本身状态的情况下获取一个量子的态，这就是量子不可克隆原理。利用这个原理对信息来进行加密，那么如果有人想要窃取这些信息，就会对量子态的信息造成影响，从而使它发生改变。我们可以通过检查量子态是否发生变化而确知是否有人窃取了信息，同时窃取信息的人也无法获得完整的信息。

另外，量子通信能够实现毫无痕迹的传递，而做到这一点则应用了量子的纠缠原理。当两个粒子具有纠缠关系时，即便它们彼此相距十分遥远，也仍然会具有同样的态。如果其中一个粒子的态发生了改变，另一个也即时发生改变。所以人们利用这个原理来制作密钥，两个粒子分别位于收发的两端。这时它们之间并没有信息的交流和传递，因此是毫无意义的，但是当加密传来的瞬间，它们就有了意义。这种通信方式的密钥是唯一并且不可被第三方获取的，所以能够保证真正意义上的安全传递。

但是需要注意的是，量子信息加密技术的成本巨大，所以要推广成为民用技术仍然需要一定的时间。所以，在进行信息交流的同时注意保护好自己的个人信息和隐私是十分有必要的。一旦没有了安全作为保证，任何自由都将成为空谈。

未来还存在“工作”吗

在人类进化的历史上，因为社会分工产生了不同，进而出现了“工作”这个概念。社会中的每个人都要扮演对应的角色，通过工作来实现自我价值，并且取得劳动报酬。但是随着社会的发展和科技水平的提高，以及自动化的大规模普及，很多原本由人类担任的工作岗位都被机器取代了。如果照这种势头继续发展下去，机器人将会在越来越多的地方成为人类的替身。那么在未来，“工作”是否还会存在呢？

其实，对人类是否仍然需要工作的讨论，早在20世纪30年代就已经开始了。这时爆发了资本主义经济大萧条，经济学家凯恩斯认为，虽然当时的社会民不聊生，但是随着科技的发展，人类社会的未来将会变得十分光明。他认为，人类可以通过发展经济解决资源紧缺的问题，使人类不必为了生存而继续付出劳动。同时他认为，社会之所以鼓励工作并且提出相应的财富分配主张，是由于资本家要进行原始积累而决定的。这种财富分配方式本来就不够公平，应当加以改善。

凯恩斯认为，人类社会底层的大部分人的生活状态，从公元前2000年到18世纪，都没有发生根本性的改变。这些人一直都在辛勤地劳动，但是他们获得的生产资料和享受的生活水平一直没有得到提高。他们能够做的，就是维持生存。而能够不断发展的，都是拥有财富和权势的居于上层社会的人。这种局面持续了很久，并没有因为社会制度的改变而得到多少改善。

关于社会的未来，凯恩斯提出，在完成资本的原始积累之后，随着科学技术的发展，人类的生活水平能够不断提高，并且这一趋势没有停止的一天。他认为，只要技术一直在进步，就能在一个世纪的时间里使全人类的生产力提高2倍。而只要人均的生产值比当时提高1倍，就能让平均工时大幅降低，达到每周15个小时甚至更少。在他的观点中，如果人类能够保持合理的欲望，而不是过分追求不必要的生活条件，那么工作将会变得十分轻松。随着生产力的继续提高，人类的工作时间将会无限降低。

在凯恩斯提出这一理论的60年后，全球人口的平均所得才勉强达到当年英国人的收入水平。也就是说，要实现凯恩斯的预言，只能再等上60年才能知道结果。但是我们也应当注意到的是，当今世界的科技发展水平比凯恩斯认为的增长水平要快，因此如果想要达到凯恩斯的要求，只需要花费70年的时间。经过综合加权考量，凯恩斯提出的全世界资源紧缺的问题得到解决的时间，应该在2060年。

我们仍然有希望逃离凯恩斯陷阱，但是这势必要求全人类的思想和经济结构都发生改变，让人们放弃追逐财富的增加，同时不再推崇消费至上的文化。其实这种改变在几十年前曾经有过发生的可能，但是随着资本主义的大肆扩张，发生改变的希望也变得更加渺茫了。

但是我们应该清晰地认识到，所谓的自由主义是无法让全人类得到幸福的。这种思想鼓励市场完全开放，这样就能使每个人都能够得到好处。但是在历史中人们已经得到了教训，当市场奉行自由主义的时候，人均收入不但没有上升，反而还不如改革之前的水平。自2008年金融危机爆发以来，除了占据绝大多数社会财富的极少数人之外，很多人仍然受到金融危机余波的影响，没有完全得到恢复。因此，全球经济虽然抵御住了凯恩斯经济学的基本经济策略，但是在其他方面都彻头彻尾地失败了。

如今，科技水平正在日新月异地向前发展，当有一天人类的工作能够完全被机器人替代的时候，将会出现怎样的情景？我们应该对这种即将出现的未来加以思考并做好准备。在很多领域我们都已经能够清楚地看到，虽然人类的工作越来越少，而机器人和自动化越来越普及，但是随之而来的并不是社会的崩溃，而是生产效率的大幅度提高。

机器人和计算机水平都在向前发展，最终这些技术将会把机械性的重复劳动统统取代。具有学习能力的机器人能够胜任很多工作，即便这些工作需要的技能水平并不一致，但是仍然会被机器人逐一学会。这就是说，不应该浅显地认为机器人只能取代劳动密集型的工作，很多被认为是需要专业知识或者较高智力的工作，同样是机器人学习的范畴。所以从长期来看，没有什么工作是机器人不能胜任的。

很多人认为，机器人确实可以代替人类做许多工作，但是人类社会同时还会创造很多新的工作岗位。因为科技水平的提高，有些工作即便现在不存在，未来也会出现。这些人是从历史中得到答案的。因为在过去，随着经济的发展，社会中会涌现出很多新的就业机会。以农业为例，19世纪80年代，美国人口的80%都在从事农业生产。但是随着工业革命的爆发，农业机械化水平大幅度提升，美国的农民也随之减少。到现在，只有2%的美国人仍然在做职业农民。那么其余的人是否就不再工作了呢？答案是否定的。他们先是加入了工人的大军，又随着社会分工的不断细化，开始从事其他职业。因此工业革命并没有摧毁社会，反而让社会出现了新的发展机遇。现在的食品和其他生活必需品的价格越来越低廉，人们手头有足够的钱在其他领域消费，这将带动很多行业的增长。因此人们认为，新职业会再次出现，人们永远都不会失去赖以为生的工作。

但是我们应该注意到，现在的很多新生行业，根本不需要人类来参与工作。包括生物技术或者纳米技术等，这些高科技工作的生产凭借的是大规模的自动化和信息处理中心，而不是很多的劳动力。那么在自动化日益普及的今天，如果没有了所谓的固定工作，人们应该怎样规划未来的事业和生活呢？首先人们应该依然重视教育的必要性，在能够接受教育的时候，还是要多学习一些知识。有人可能会说，读再多书都有可能失业，那么为什么不在工作还没有完全消失之前离开校园去工作？这些人需要明白的是，获取知识是最重要的投资，而知识能够在一定程度上改变一个人的命运。

同样地，人们应该在基本生活能够得到保障的时候更积极地进行创业。虽然只有很少人能够实现很高的收入水平，但是如果可以有一部分收入保障，就会让人有更多的精力投入到创业当中去。在汽车安全评估领域有一个耐人寻味的现象，那就是汽车上多出来的安全配置并不会明显减少车祸的发生。造成这种情况的原因在于，一旦人认为自己的安全有了更多保障，反而会更加容易冒险。这一理论不仅适用于汽车领域，同样也适用于经济领域。有人认为，如果为了鼓励创业而规定一个最低收入，会让人变得更加懒散，经济将会变得恶化。但是这种说法是站不住脚的。一个人如果没有了后顾之忧，将更愿意承担创业带来的风险，并且因此创造更多的机会。

在互联网蓬勃兴起的时代，谷歌作为互联网公司中的巨头，对未来的趋势有自己的判断。谷歌的CEO拉里·佩奇认为，人类仍然需要工作来作为生活的一部分，但是在保证生活质量的同时，工作量能够降低，那么人们会十分高兴的。他认为，人类社会目前永远的资源已经能够满足全人类的需求。如果说人类在过去之所以拼命工作，是为了得到充足的生活和生产资料的话，那么现在人们已经不存在这种担忧了。

佩奇说，人们如今正在做的许多工作其实是毫无必要的，甚至是不应该存在的。这些工作除了破坏环境，实际上对人类社会的发展一点帮助都没有。但是因为人类需要工作，因此工作就出现了。要想解决这个问题，也不必通过减少就业来实现。每个人都具有的两个矛盾而统一的想法是：我需要一份工作，但是我同样也需要休息。因此，最好的解决方式或许是让更多人来分享本该一个人从事的工作。在这方面，已经有人开始进行实验了。

但是同样作为谷歌创始人的谢尔盖·布林则认为，人类的工作已经在过去的一段时间里被机器人取代了相当大的一部分，并且这种局面不会停止，在未来仍将持续。但是他并不认为人类的工作总数会出现减少。因为当一个行业的工作大批消失的时候，另一个行业就会出现大量的职位空缺。人们只是从一个地方流向了另一个地方，而本质上工作是不会减少的。人们想要得到的东西从未减少，而只会越来越多。他们需要更多的创新和更多的娱乐设施，以及能够给他们快乐的任何东西。

作为硅谷最著名的投资人和企业创始人，埃隆·马斯克认为，人类在未来将会放弃工作，而都由机器人来代替。一方面，人类能够从事的职业越来越少：另一方面，人类也会主动离开工作岗位，开始享受生活本身的乐趣。他认为，世界一刻不停地向前发展，人类最终会与人工智能达成共识，在和平共处的前提下，分享这个社会的成果。虽然他也认为，这存在一定的冒险成分。

马斯克的独特观点在于，在未来，所有人都将逐渐从工作岗位上被淘汰。为了保证社会的良好秩序，因此世界各国将会联合起来制定一个标准，并根据这个标准来给不需要工作的人类发放工资。他说，因为自动化的普及，到未来的某一天，我们所有人的工资都将是一样的。生活将不再成为负担，而每个人都有能力享受生活，享受更多的休闲时光。这或许正是凯恩斯在半个多世纪之前憧憬的世界。

再也没有真实的货币和交易

货币作为一种等价物，是人类的一项伟大的发明，大大提高了交易的便利性和效率。从古到今，货币经历了多种形式的变化。在人类早期的交易中，因为自身受活动范围的限制，所以只能在相当小的一部分地区进行交易。这时人们通过以物易物作为主要的交易方式，货币的流通领域也很小。这时货币既作为等价物，也作为商品，而且是相对来说比较容易存储和携带的商品，例如贝壳或者珍珠。当经济发展到一定规模时，人类的活动范围也变大了，并且形成了国家或者部落，这时的交易对象也不再仅限于同一个部落之内，而是要与其他部落或者更远距离之外的人或国家进行交易。过去的货币不再适合这种交易，而被所有国家共同认可的货币变为了金属和贵金属。

在当贸易的规模进一步扩大到全球范围内时，为了更加符合交易的需要，这时就出现了纸质货币，也就是纸币。今天，世界上几乎所有国家发行的主要货币都是纸币。纸币因其便于携带、交易方便等特点，已经流行了超过一个世纪。因为纸币本身没有什么价值，所以它的价值是以国家的信用作为保证的。所以我们今天的商业体系不但与纸币有关，更与纸币背后代表它的信用机构有关。

但是随着人类社会的发展和科技的进步，人们在交易中连纸币都很少使用了。那么在未来我们将使用什么样的货币？又该怎样进行交易呢？

在当今时代，由于互联网的高速发展，形成了一种新形式的货币。这种货币不具有普遍意义上的形态，能够在互联网中流通和交易，依然行使作为一般等价物的权利。这种货币虽然没法真正地拿在手上，但是它却是实实在在的，是真正的货币。这种货币被称为虚拟货币，也被称为数字货币。因为它不是任何国家的央行发行的，所以也不存在汇率和管制的问题，也因此能够在全球范围内流通。

因为虚拟货币的诞生和使用场景都只存在于互联网上，对于发行方来说它只是数据文件，对用户来说只是一串数字。因为省去了购买原料进行制作、印刷和运输造成的额外成本，也不存在流通环节中产生的各种繁杂的手续费用。在虚拟货币的使用过程中，只需要利用网络进行交易，从这一端到那一端，没有任何第三方的介入。因此在全球经济飞速发展的今天、在交易越来越频繁和高效的时代，使用虚拟货币能够极大地节省成本、提高效率。

对于虚拟货币，欧洲中央银行进行了新的定义。所谓虚拟货币，不由任何一个国家的中央银行发行，而只是在交易中以数字的方式进行体现。而这一点，与我们现在常用的电子货币是存在区别的。所谓电子货币，指的是我们将如今通用的货币实现电子化。我们日常使用的银行卡以及网络银行和一些第三方支付机构如eBay等，都属于电子货币的形式。这些电子货币不管采用什么形式、通过什么渠道供人们进行交易，但是他们采用的货币都是国家中央银行发行的货币。

在这些虚拟货币中，最著名的就是比特币。比特币从出现的时候开始，就与以往的任何虚拟货币都存在着不同，所以在全球有众多拥趸。比特币的加密措施十分严格，因此具有良好的信用。这种货币完全打破了必须互相信任才能交易的互联网难题，让交易的双方不需要取得对方的信任就能够通过比特币进行交易。

比特币的出现，打破了国家机构对货币发行的垄断。只要你的电脑能够连接互联网，你就能够使用比特币来进行交易。目前我们使用电子货币进行跨国交易，往往要收取高昂的手续费，而使用比特币则避免了这些手续费的产生。而且因为比特币诞生之初就设定了一个上限，因此不会出现在现实中经常发生的货币超发现象。

那么，现实中的货币真的已经走到尽头了吗？我们首先来分析一下货币的发行机构，也就是各国的中央银行。中央银行被称为银行中的银行，它不但能够发行货币，还负责制定各个国家的经济政策。虚拟货币的出现，虽然在一定程度上动摇了中央银行的地位，但是中央银行本身仍然有着巨大的传统优势。第一，中央银行之所以被称作中央银行，是因为它的背后站着国家这个巨无霸，所以它具有无与伦比的信用担保。任何普通商业机构与国家相比，也就变得微不足道了。

第二，因为中央银行能够不断地发行货币，所以当金融秩序发生紊乱时，它能够提供充足的货币来保证金融市场的稳定。第三，在市场竞争中，难免会出现一些不公平的竞争，但是若存款由中央银行来负责保管，不公平竞争的水平将会降到最低。

数字化的浪潮席卷全球，一些国家也开始认真地考虑是否在国家层面推进数字货币的发展。各个国家的中央银行在这一事件上的态度并不一致。一些国家的态度相对来说比较积极，不但将中央银行的一部分权力下放，甚至考虑由中央银行来发行统一的数字货币。但是这一决定给商业银行带来的冲击是有它的局限性的，因为商业银行能够提供的便捷服务是中央银行所不具备的。

那么虚拟货币有哪些独特的性质呢？首先，虚拟货币具有它自身的价值功能。商家通过提供产品或者服务为消费者提供价值，而消费者需要使用货币来交换，才能满足这种价值。虚拟货币是用来在互联网的虚拟世界中满足这种价值的交换物，因此具有价值性。按照货币发行的定义，货币的发行方是对货币的持有方负责的，所以同样虚拟货币也具有这样的特性。

虚拟货币的存在必须处于特定的虚拟环境中，发行这种虚拟货币的机构必须一直存在，这样虚拟货币才具有意义。我们知道货币是作为一般等价物才出现的，但是因为虚拟货币的交易场景限制，所以它无法作为所有商品的一般等价物。但是在它能够流通的范围里，能够完全行使货币的各种职能，所以也可以认为虚拟货币还处于一种初等的形态，还有很大的发展空间。

虽然虚拟货币的流通范围是有限的，但是它仍然受到一些经济规律的影响。所以虚拟货币并非是完全自由的，仍然需要一定程度的管理和监管。当然，现在尚无明确的监管机构和监管规则，但是如果虚拟货币真正想走上历史的舞台，这一步是不可避免的。一个收敛的虚拟货币和一个开放的中央银行似乎是一个更好的结合方式。

一般来说，一个国家的货币政策或金融政策是由该国的中央银行来进行宏观调控的。但是虚拟货币由于它的无国界性和自由流通性，会让各个虚拟货币的发行机构之间产生一种不受监管的竞争。所以我们迫切需要制定一部完善的法律来对虚拟货币进行规范，避免由于不正当的竞争，导致虚拟货币拥有者的损失。

虚拟货币尽管在很多方面接近我们通常所用的法币，但是它的本质依然是虚拟的，它的作用是在虚拟世界中，购买虚拟的财产。如果想要用虚拟货币购买实际生活中存在的实有财产，就需要把虚拟货币和现实货币进行挂钩。实际上虚拟货币是由开发及生产系统的人对其进行解释的，只表示为一串计算机数据，所以仍然是虚拟的。

虽然虚拟货币可以在虚拟世界中购买一些商品或服务，但是脱离它所处的范围，它就没有实体货币具有的意义。我们通常所用的货币在通用的规则下可以实现真正意义上的自由交换，但是起码在目前来说，虚拟货币不具有这样的特性。或许随着科技的发展和虚拟货币使用范围不断地扩大，虚拟货币和现实世界之间的壁垒会被打破。

我们如今的生活已经不完全存在于现实世界，虚拟世界已经成了我们日常必不可少的一部分。作为虚拟世界的一项伟大发明，虚拟货币代表了技术的革新和思想的解放。对现实世界中的经济来说，虚拟货币能够提供一定的促进作用。但是我们不应忽视的是，因为脱离了有效的监管，在虚拟世界中经常会发生洗钱、赌博等对现实世界具有消极影响的事件。如果想让虚拟世界以及其中的虚拟货币得到健康的发展，我们就需要不断地完善法律和规范，从而实现更加便捷和高效的生活。

作为科技和文明发展的产物，作为货币进化史的一部分，数字货币或者虚拟货币是必然出现的，它代表了数字革命对人类社会的深刻影响。在货币进化的历史上，每一种新的货币出现时都会遭受质疑，哪怕是我们现在习以为常的纸币也不例外。同样，尽管我们现在所使用的货币已经日臻完善，但仍然存在许多缺点。虚拟货币作为新生的产物，存在一些问题也是在所难免的，也需要在发展过程中不断完善。在虚拟社会不断成为我们日常所处世界的一个越来越重要的组成部分时，在其中行使重要作用的虚拟货币也将得到更加长足的发展。

毋庸置疑的是，货币永远不会停下它进化的脚步，而虚拟货币则是若干进化方向中取得成就最多的一个。相信在未来，交易将以另一种形式进行，而使用的货币也与现在完全不同。虚拟货币进化出的最终形态可能与我们现在所见的完全不同。在我们能够预测的未来一段时间里，我们将同时使用多种不同的货币。我们深信，最终留下的交易方式一定是最符合大多数人的需求和利益的。

难以分辨的虚拟和现实

人类之所以能够对周遭的事物产生各种认识，首先是通过感觉来实现的。因此，人体的各种感觉是我们认识世界的最基本方式。一件东西被我们认识时，先看到的是它的颜色，之后会闻到它具有的气味。如果是食物，还可以品尝到它的味道。通过用手触摸，神经末梢能够产生触觉，让我们感受到它的形状和表面的光滑程度。这些感觉能够让人类认识周围的各种事物，从而对它们产生最基本的了解。

虽然感觉只是一种基本的认知形式，但是它对人类的生活意义重大。在开始进一步的探索之前，感觉能够让我们对事物的属性有一个基本的掌握，例如颜色、声音、气味和温度等，最主要的是要通过感觉来迅速判断它是否有危险。同样地，感觉还能让我们对自己的身体状况有所了解。身体内部的状态也能够通过感觉反映出来，让我们判断自己是否饥饿和健康。如果离开感觉，人类就无法对事物有直观的认识，因此可以说，感觉是人类一切知识的源泉。

随着人类科技的发展，出现了很多设备，能够为人类带来更多新奇的感觉。人类甚至无须真实地与某个事物打交道，就能通过这些设备产生与之交流的感觉，并进一步认识事物。首先是虚拟现实（VR）技术。这种技术能在真实的环境中投射出虚拟的物体，实现两种状态的叠加，让人们可以在一个空间里感受到更多的事物。虚拟现实技术提供给人一种交互式的体验，通过虚拟现实设备来看到虚拟的影像，并产生接近真实的感觉。但是这种设备的一个弊端是，穿戴起来仍然有些沉重，这让人们在使用它时缺乏必要的便利性。想要让虚拟现实技术得到更好的发展，就需要解决这一点。或许有一天，人类能够在神经领域的研究取得进展，让虚拟现实设备不再如此复杂，能够更加容易地佩戴。到那时，这种技术将会成为人类获得感觉的更好方式。

另一种新技术是增强现实（AR）技术。使用这种技术无须佩戴沉重的设备，也不会让人产生任何不适感。增强现实是通过人眼的自动对焦来实现的，所以无论什么人都可以方便地使用。在虚拟现实中，人类完全沉浸在眼前的虚拟景象之中，因而会产生一些奇怪的感觉。比如当你低下头时，看到的仍然是虚拟的画面，而不是自己的脚。增强现实技术的本质是在真实世界中使用数字技术来对眼前的事物进行更好的分析和理解，也就是说，它是融合了现实和虚拟的产物。这种技术需要应用一小块屏幕在眼前作为显示的窗口，因此造型看起来像是一副眼镜。和虚拟设备相比，这种设备要更加轻便，而且带给人的感觉也会更加自然。

增强现实设备的代表是微软发布的HoloLens全息眼镜。这台设备能够处理一系列日常事务，包括查看信息、观看视频和收发邮件等。同时它还能完成各种复杂的任务，例如辅助3D建模，甚至能够模拟人类在火星登陆的场景。这种设备能够将现实和虚拟信息进行有机结合，并可以让使用者与虚拟信息之间实现更好的互动。使用者不光能够轻易地从现实中分别出哪些是虚拟的，还能够通过手势对它们进行控制。我们眼前看到的东西，都是我们想要看到的东西。在未来，随着技术的进一步发展，我们将不再需要使用手势，设备将可以通过追踪眼球的运动而接受指令，完成一系列操作。

目前，使用增强现实技术的成本仍然十分高昂，但是仍然有很多领域愿意使用它。例如，在一些地方，警察们通过增强现实来进行训练。增强现实能够模拟很多情况，这比建造相应的模型或场景要来得更加方便。出于同样的目的，军队中一些部门也使用了这种技术来训练。同时，在教育和医疗领域都有增强现实设备的用武之地。在未来，人们将无须亲自去博物馆，而是可以在家通过增强现实来进行参观。

这种技术能够让每个人都能创造他想要得到的现实，并且如果将它和人工智能结合在一起，就能够得到一个完全具有个人属性的社交空间，并且可以和它产生良好的互动。一些科学家已经着手对这个课题进行研究，并且将会取得进展。因为和现在的人工智能相比，这种结合了虚拟技术的机器人看起来和听起来都更像是真正的人类，而不是冷冰冰的机器。因此，在不久之后——或许就在10年之内，所有和我们日常生活相关的设备，从汽车到厨房用具，都将整合进同一个网络中。当我们需要时，眼前就会出现相应的信息，而我们只需眨眨眼就能够使用它们。随着科技的脚步不断加快，这一天看起来并不遥远。

还有一种技术能将虚拟现实和增强现实融合在一起，这就是混合现实（MR）技术。这种技术同时具有虚拟现实和增强现实的特点，能够把虚拟世界和现实世界结合起来，并且能够在这种场景下实现人与虚拟环境的互动。

目前混合现实技术还处于研发阶段，还没有真正实现量产的产品，但是这种技术的概念已经被很多人接受，并且给予了大量的资金和技术支持。未来，如果混合现实能够得以应用，将会给很多人，尤其是给设计师带来巨大的便利。当你要设计一栋建筑物时，可以通过混合现实技术来设定很多方案并且向客户进行展示。这种展示是立体的，能够更加直观地让客户进行全面的体验。如果你想要参观一下其他设计大师的作品，但是又没有时间分身前往，那么这种技术也能让你获得身临其境的感觉。同时，这座建筑物将有可能突破物理的限制，因为它不一定会被真实地制造出来，而是永远停留在虚拟的状态，人们可以直接使用它。如果一个人想要买房子，那么他在家里就能够参观房子的模型，并决定是否购买。

如果服装设计师想为一个客户设计一套合身的衣服，那么可以和客户一起通过混合现实设备实现沟通。两人无须见面，设计师就能获取客户身体的各方面数据，并且能够和客户讨论服装的整体效果。设计师可以通过软件来选择布料，并设计一系列参数来对布料进行测试，看布料是否能够满足设计需求。买衣服时也不用去商场的试衣间试穿了，而是可以在家里进行，这样更加方便远程购物，而不会出现令人苦恼的尺码不合适的问题，省去了退换的麻烦。

想要为电子设备设计UI时，设计师能够脱离电脑或者其他设备的显示器，因为屏幕将出现在周围任意一个地方。你想看到的东西将会即时浮现在眼前。设计的界面也超出了传统的二维局限，能够在更加立体的范围内进行设计。设计师将无须用鼠标或者其他外设设备点击和操作，而是通过眼睛甚至全身的动作来实现交互。

以上这些都是混合现实技术具有的优点。当然，没有任何一种技术是完美无缺的，混合现实技术作为一种正处于研发阶段的新技术，仍然有很多缺点。比如，它现在的像素水平仍然很低，无法实现十分精细的操作。因为需要同时处理的信息量十分巨大，所以在场景转换时容易出现卡顿，而无法跟上人眼的运动。这种技术需要佩戴的设备和虚拟现实一样十分沉重和复杂，因此戴起来不是十分方便，时间久了还会产生眩晕等不适感。但是随着这些问题的解决，混合现实技术将能够带给我们巨大的改变。

虚拟现实技术不但能够让我们的生活变得更加方便，可以足不出户地了解世界，同时还能帮助人们解决一些心理问题。在心理治疗中已经开始应用虚拟现实技术，并且取得了良好的效果。在这类治疗中，通常需要模仿患者的动作或者语气，这样能够和患者之间迅速建立起联系，让他打消心理的隔阂，和医生产生亲近感，容易接受治疗。通过虚拟现实技术，医生能够很好地实现这个要求。

斯坦福大学开展了一个研究项目，让人们能够通过虚拟现实技术来看到未来的自己是什么模样的。这种对未来的观察能够让人们更好地认识到珍惜现在时光的必要性，为迎接未来做出更充分的准备。虚拟现实在当下最主要的使用方式就是游戏。对于虚拟游戏的参与者来说，他们能够获得更强烈的感官刺激，但是却也容易沉浸于这些虚拟的场景。但是看见未来的自己能够给人带来很强的震撼，让人们意识到不能只关注和享受当下，还应该注重未来。眼前有远比游戏更重要的事情等着我们去做，而到我们老了的时候，很多事情已经不再有机会实现。

虚拟现实技术正在一步步走向成熟，在它日渐普及之后，会给人类社会带来怎样的改变呢？我们现在还无法想象，但是会存在一些担忧。一些不好的情况有可能会出现，但是相信随着人类更好地认识到虚拟现实的本质之后，一切问题都将得到解决。虚拟现实能够让我们看到很多现实中难以得见的美妙场景，那么这些场景是否会让人沉溺其中呢？总会有人无法在现实中得到他想要的东西，他就会转向虚拟现实来求得安慰，并且不愿回到现实中来。虚拟游戏就是这种情况的体现，很多玩家都想要一直在游戏的世界中生活。

当我们的祖先第一次从水面发现自己的倒影时，一定备感新奇。后来人类发明了镜子，能够在镜子中看到自己的形象，并且能够修饰自己。虚拟现实技术则带给人们看到自己未来的机会，让人们能够在未来的映照下更好地了解现在的自己。虚拟现实能够让我们对人性的了解更加深刻，但是无论是怎样的虚拟场景，都是来源于现实世界的。而人类在未来的生活，将介于虚拟和现实之间。

第五章

时空的奥秘

如果我们现在就考虑宇宙的结局，那么难免会发出一声叹息。但是作为人类，我们不应该失去希望。在不断向前探索的过程中，我们甚至可能突破宇宙的界限，找到其他更多的宇宙。

太空中存在地外文明吗

当我们望向遥远的太空时，经常会发出这样的疑问：宇宙中存在外星人吗？我们在地球上是孤独的吗？在回答这个问题之前，需要首先弄清楚的是，是否还有和地球的环境类似的行星？从100多年前开始，科学家们就没有停下寻找这样的行星的脚步。

如果地外文明真的存在，那么它们的数量会有多少呢？为了解决这个问题，全世界的天文学家和物理学家于1961年齐聚美国西弗吉尼亚州的绿岸镇，并在这里举行了一次关于地外文明的研讨会。在会上，美国物理学家德雷克提出了一个公式，可以用来对宇宙中的地外生命进行估算。根据这个公式，在银河系中，已经达到很高的工业文明的星球至少有40个，而如果按照公式中变量的上限计算，这个数字则高达5000万个。这就是著名的“绿岸公式”。

自从有了哈勃太空望远镜，人类能够看得更远。在过去的很多年里，科学家们分析了距离地球100光年范围内的所有恒星，并且总结出一个规律，那就是每发现10颗恒星，就几乎能够对应发现1颗行星。如果这个规律是在银河系中普遍使用的，那么根据已知的银河系中有超过2000亿颗恒星，就能够计算出，其中存在超过200个行星系统。在这样数量众多的行星中间，有很大概率存在和地球十分相似的星球。

根据人类的经验，生命将只能诞生在具有适宜环境的行星上，而在炽热的恒星上完全不可能生存。太阳系中的行星分为两种，一种是气态的类木行星，另一种是固态的类地行星。因为类木行星上气候极度寒冷，同时充斥着大量的氢、氦和甲烷等，因此也不适合生命生存。综合这些条件，科学家们分析，或许只有与地球大小和环境类似的星球上才可能出现生命。太阳系中，和地球最接近的是金星和火星。但是当我们对这两颗星球进行实地考察后发现，它们的自然环境都太恶劣了。即便是它们上面曾经存在生命，经过漫长的岁月和风沙的侵蚀，生命的痕迹也已经消失无踪了。

按照地球的标准，适合生命生存的类地行星应该具备一个固体的地表，地表上要有液态水，整个星球外面还应该包裹着一层大气层。这是产生生命的基本条件。同时，生命的演化也将遵循地球上的规律，那就是从原核到真核，从单细胞到多细胞，从低级到高级，从高级再进化到文明社会。当这颗星球上的文明社会已经能够达到发展出较高的科技水平——起码是达到或接近人类的科技水平时，才有可能和地球取得联系。目前我们已经在太阳系之外发现了

100多颗行星，但是其中的大部分都是体积巨大的类木行星，无法出现生命。

想要在宇宙中找到一颗行星无疑是十分困难的，其中最重要的原因就是行星本身无法发光，而且相对于恒星来说，它的体积实在是太小了，因此很难让人发现。在宇宙中，恒星都像灯塔一样放出耀眼的光芒，但是旁边的行星就像是帆船上忽明忽暗的小灯。在这样严苛的条件下，人类该如何找到行星呢？目前应用最为广泛的是“多普勒摆动法”。我们总是会说一颗行星围绕着恒星公转，但是这种说法是不严谨的。确切地说，是行星和恒星围绕着它们的共同质心公转。但是因为恒星和行星之间的质量相差太大，因此质心距离恒星非常近，这个距离几乎可以被忽略。但是这个质心对恒星同样存在影响，让它在一个极其微小的轨道上运转，因而相对于地球来说，会呈现周期性的靠近和远离。当它靠近地球时，射向地球的光会发生蓝移，反之则会出现红移。如果能够在一个恒星的光谱中发现这种特点，就能够知道，在它附近有其他天体在和它发生相互作用。

还有些时候，我们不必通过观察恒星的光谱也能够发现它周围的行星。这种方法比较直接，那就是直接观察恒星在天球上的位置变化。这种方法和多普勒摆动法的基本原理是一致的，因此都比较容易发现大质量行星。还有一种方法是通过恒星的周期性掩饰来发现行星的。如果一颗行星经过恒星的表面，它就会遮蔽极小的一块恒星表面，从理论上来说，恒星的亮度就会发生变化。虽然这种方法应用起来十分复杂，但却是唯一一种可能找到质量和体积都比较小的类地行星的方法。

还有些科学家坚信一定存在地外文明，因此他们放弃了先寻找类地行星再进行验证的传统方式，而是直接试图听到外星人发出的声音。这些科学家认为，既然地球文明都在有意识地寻找地外文明，那么它们一定也在进行这种寻找，我们将会收听到它们对宇宙发出的信息。在半个多世纪之前，就已经有科学家开始利用射电望远镜来扫描宇宙中的电波并进行分析。到了今天，寻找外星文明的规模也变得十分庞大。虽然他们一直没能发现任何有意义的成果，但是支持者们仍然相信，现在没找到证据，不代表以后也找不到。但是如果现在就放弃，那么就永远都找不到了。

“搜寻地外智慧生命”（SETI）在过去的数十年间一直在努力搜寻来自外星智慧生命发出的信号。在长期的监控和扫描中，他们确实曾经发现过几次意义不明的信号，但是并不能确认这些信号是智慧生命发出的。除此之外，他们一无所获。尽管这样，SETI的天文学家仍然确信，我们应该根据人类自身的一系列特征来估计外星人可能具有的形态。他们认为，如果人类社会中出现的人工智能可以独立发展出无线电技术，那么向我们发送信号的那个文明一定会比我们的发展阶段更高。也就是说，我们听到的一切来自外星的信息，可能都是机器人自动发出的。

按照这样的理论，也就是说，外星文明在创造了它们的人工智能之后就消失了。当人工智能学会了自我学习和进化，那么用不了多长时间——或许是需要几十年，它们就能发展出前所未有的智力水平，足以超过整个星球上所有的计算机，以及全部的人类智慧。因此，我们首先需要担心的是，人工智能是否具备这种完全替代人类的可能。它们如果能够产生意识，是否会为自己制定目标，那就是消灭一手制造出它们的人类。

在很多科幻电影中，具有高度自我意识的人工智能都被塑造成了反叛者的形象。它们无一例外地想要向人类进行反扑，并妄想消灭人类，成为地球的主人。但是这只是一种想象罢了，高级文明或许不会面临人工智能的入侵，或许在现实当中，具有超强的学习能力和高度的自我意识的机器人将永远都不会诞生。

SETI在美国的沙漠中建设了一组庞大的射电天线，用来接收来自宇宙的各种声音。这些天线都指向了可疑的方向，在这些方向上分布着人类目前已经发现的若干颗疑似类地行星。这些行星通常被认为和地球十分接近，存在大气层，并且在地表存在液态水。也就是说，按照地球上的标准，这些行星上极有可能存在生命，只是我们无法确认这些生命的发展水平，所以在一个不漏地进行监听。但是如果我们发挥怀疑精神，认为信号可能是由人工智能发出的话，那么搜寻的范围要进一步扩大了，因为人工智能并不需要类似地球的环境也可以存活，而仅仅需要源源不断的能量。

如果是这样，那么我们或许将要推翻过去的全部工作，转而搜寻那些能量最为充沛的地区。因为想要寻找发达的人工智能的话，这才是符合逻辑的做法。人工智能发展到一定程度，为了支撑庞大的运算能力，就势必需要巨大的能量。那么，如果我们能够找到这样的地方，或许就能发现它们的踪迹。

这就说明，SETI在过去几十年里的搜寻方向完全搞错了。其中的一些天文学家正在评估新的做法，他们认为，或许把所有的资源都投入到射电望远镜上并不是一个好主意。如果能够把资金分散开来，提供给各个天文台，让他们通过望远镜来对遥远空间的电磁波进行观察，或许能够找到某些高能耗地区。

还有一种方案，那就是我们向那些疑似存在生命的方向发出广播。但是很多人并不认可这样的做法，认为这将暴露人类在宇宙中的位置。著名物理学家史蒂芬·霍金就曾警告说，如果向宇宙发出广播，那么人类世界将极有可能遭到外星文明的侵略。他说，只要我们反观人类自身就能够明白，一种智慧生物发展到高科技水平之后将会做出什么样的事情。如果这种生命的智慧程度更高，那么一定是我们不愿意面对的。

无论宇宙中的其他智慧生命是以有机体还是人工智能的形式存在，都在等待着我们去发现他们。那么人类距离这一天还有多远呢？还要有多久人类才能够确切地知道自己在宇宙中是否孤独呢？我们现在还无法明确地回答，只能这样说，我们确信宇宙中一定存在地外文明，不过或许现在的搜寻方式不对。从长期看来，这一天迟早都会到来。

即便我们经过了这么长时间的搜寻和等待，都没有发现地球之外的其他生命形式，但是科学家们仍然相信这些生命是真实存在的。我们一方面在寻找和地球相似的行星，另一方面收听来自宇宙的各种信号。通过这种双管齐下的方式，相信一定会在未来得到外星文明的主动呼唤或回应。到那时，我们将可以确定自己在宇宙中不再孤独。

传说中的戴森球能够实现吗

人类一直在不断搜寻着地外文明，那么如果宇宙中存在其他的高级智慧生物，他们会在哪里呢？我们的银河系中是否有这样的文明存在？如果有的话，数量能够达到多少呢？一些科学家组成了一个团体，用来集中力量搜寻外星生物，这就是“搜寻地外智慧生命”（SETI）计划。这个团体中的科学家认为，银河系中有太多的恒星了，而太阳系只是其中十分微小的一个。恒星群就好像是一座茂密的森林，如果想要在森林中找到其他生物，是十分困难的。但是因为森林中的资源毕竟是有限的，因此每种生物都会想方设法寻找森林中的其他生物。

如果我们想要在这片森林里找到些其他生命留下的痕迹，就要通过一定的方式和它们取得联系。但是宇宙是如此广阔，恒星之间以及恒星系之间的距离都十分遥远，因此即便是使用人类能够达到的最快速度——光速来进行信息的传播，依然是不现实的。可能有一天我们接收到了一个信息，但是它的发送者早已消失在宇宙深处了。因此，我们要找到另外一种方式推定茫茫宇宙中哪里存在生命和文明的迹象。

其中的一个方式是找到一片森林里最高的那棵树。当一种生命站在所处星系的顶端，那么它对该星系的影响将会超出通常的天文规则，以至于让这个星系的某些地方看起来不太一样。但是这只是我们的猜测，因为如果这个文明真的已经高级到能够影响整个星系，那么它或许会用这样高超的本领让星系维持本来的面貌，起码从外表让人无法发现。

美国物理学家弗里曼·戴森曾经担任过爱因斯坦的科研助手，在他的设想中，外星高级文明将会建造一个球形结构的物体，并能够利用它来获取所属恒星上的全部能量，这就是戴森球。这种理论一经提出就引发了更多设想，有人认为，或许还存在一些更加高级的文明，已经能够利用整个星系具有的能量。我们在宇宙中发现过的一些能量团，或许就是这些文明抛弃的能源残渣。

按照一个文明能够获取能量的等级，科学家把可能存在的文明分成了三种类型。

Ⅰ型文明：能够彻底利用自己所属星球的全部能源。照这样看来，我们人类似乎还没有真正达到这类文明的要求。因为虽然人类已经能够利用地球能源，但是还没有能够彻底地加以利用，所以仍然有进步的空间。

Ⅱ型文明：能够利用所属的恒星系中的恒星的全部能量。这就是戴森球理论中谈到的那种文明。他们能够制造包围整个恒星并抽取能量的装置，并且几乎一定有能力进行星际旅行，而且或许能够找到突破光速限制的方法。这种文明在很大程度上领先于人类。我们要想发展到这种层次的文明，保守估计需要几万年的时间。

Ⅲ型文明：这是我们能够想象到的最高级的文明，领先人类文明达到百万年的量级。这种文明已经能够利用整个星系的能量，制定整个星系的规则。从人类的角度来说，这种文明非常接近于上帝的角色，具有强大的力量。但是从本质上来说，他们只是经历了更长的进化，所以能够达到如此高的文明阶段。如果假以时日，人类或许也能够成为这样的存在。

这种对文明的分类规则是20世纪60年代提出的，并且很快成为被全人类共同接受的判断标准。

那么如果人类进一步向前发展，能够制造出戴森球吗？这种假设中的人造天体能够实现吗？我们必须承认，如果人类有能力建造一个戴森球的话，那么它带给人类的好处将是显而易见的。因为地球的资源正在走向枯竭，即便我们能够成长为成熟的Ⅰ型文明，也难免会耗尽地球的资源。到时，人类将会面临生存环境和能源的枯竭。而戴森球能够在相当长的时间内为人类提供相对来说取之不尽的能量，并且能够极大地扩张人类的生存空间。

如果说在过去科学家们曾经认为建造戴森球是一个不可能完成的工作，那么现在正在实验中的太阳帆技术已经为戴森球提供了一定程度的实践基础，但是要想制造如此庞大的戴森球，不是现在的技术能够实现的。目前来说，最大的瓶颈在于需要建设数量如此多的太空船，并且要求极为严苛的制造工艺。

但是我们或许可以采用循序渐进的方式，从建造戴森云开始。所谓戴森云，是指大量围绕太阳运行的、彼此独立的人造天体。按照人类目前的发展速度，这一工程大概能在30年之后开始着手进行。戴森云并非是一次性建成的，而是可以分批渐次制造。组成戴森云的各个部分彼此之间都是独立的，通过无线的方式构成一个整体，并且能够远距离向地球传输能量。建造戴森云的另一个优势在于：因为可以分批建造，并采用无线连接，所以不必纠结于统一各部分结构的尺寸。

但是这样也有一定的坏处和风险。首先，因为戴森云是由很多独立的结构组成的，因此这个松散的整体将会拥有一个十分复杂的运行轨道。可以把这个云状结构想象成若干个环状的叠加，如果这些环的轨道发生重叠，就会导致日食。而且如果其中一条的轨道出现了偏差，极有可能影响其他轨道，从而引发大规模的混乱。

一旦人类决定了开始建造戴森云，就需要面临制造工艺和制造材料的挑战，以及如何建设一个工程的前沿阵地。如果这些都已经能够按计划实施，那么我们应该制定出一套怎样的方案来开始这项伟大的工程呢？英国物理学家阿姆斯特朗提出了一个计划，他认为，靠人类目前掌握的技术已经能够开始建设了。如果按照他计划中的几个步骤循环实施，那么用不了多长时间，建设速度就将大大加快，最终只需要数十年的时间就能完成整个工程。这几个步骤分别为：获得初始能量、到达水星并采矿、把建造原料送至预定轨道、在轨建造太阳能收集设施、获取能量，并如此循环。

如果按照这个方式进行建造，一开始只需要完成工程总量的一小部分就可以了。这些完工的部分能够为后续建设提供能量。随着完成的部分越来越多，我们能够获取的能量就越多，可以更快地完成后面的建设。因此，当工程开始推进，建设速度就会越来越快。在阿姆斯特朗看来，我们现在就应该开始行动了。

而且你应该已经注意到了，这个工程的重要一环是开采水星上的矿产，并利用它来建造戴森球的组成部分。在工程完工的时候，整个水星的资源都将被耗尽，因为戴森球需要的原料之多是难以想象的。如果我们最后想要做到把整个太阳都包裹住，那么仅仅一个水星是不够的，地球轨道之内的所有星体都将被消耗一空。

水星上的矿产资源几乎都是我们需要的，其中主要有铁元素和氧元素。这些矿产在全部被采集出来之后，就将会被制造成太阳能收集器。这是一种薄膜型的材料，能够将太阳能收集在一起，然后进行能量传输。水星上的资源能够制造相当多这种类型的收集器，可以为后续的建设工作提供能量支援。在阿姆斯特朗的计划中，需要满足每一步精确的设定，才能够在短时间内完成戴森球的建设。首先要利用10年的时间来开采矿产资源，将它们制成收集器并送到轨道上。水星的资源能够被利用的占水星总质量的52%。最开始建造的太阳能收集器得到的能量中，有10%是用来开采能源并且将它们送出水星的。我们能够使用的能量，约为能够收集的总能量的1/3，并且这一部分戴森球的组成部分的面积将只有1平方千米。但是接下来，有了这部分结构作为基础，后续的建设速度就将呈指数级别上升。

按照阿姆斯特朗的理论，这个建设工程应该采用他的计划，首先用10年时间建造戴森球的第一批太阳能收集器，并通过它们提供的能量来完成后续开展的工程。也就是说，只需要经过40年的时间，整个水星上能够被利用的资源就将使用一空，并且能够用这些资源建造出第一片戴森云。接下来，如果我们继续前往其他星球获取资源，那么只需要1年的时间就能把金星也拆掉。如果这个阶段能够顺利完成，那么我们将得到巨大的能量，用来建造星际旅行用的飞船，并且继续建造更多的戴森云结构。

在阿姆斯特朗看来，如果我们只是想要缓解地球的能源紧缺，那么似乎只需要耗费掉水星就已经能得到足够多的能量了。但是一些科学家认为，一旦开始了戴森球的建造，就不应该停止，而该继续建造下去。在这些人看来，如果有足够的能量支持，那么我们将可以开采整个太阳系中的资源。这些资源完全可以满足我们最终建造一个足够大的球体，把整个太阳都包围在里面。如果我们最终想要成为一个Ⅱ型文明，那么这就是我们必须要经历的一个过程。

之所以选择这样的发展道路，也是因为我们想要获取更加强大的计算能力。无论是对于宇宙未来的终极推演，还是在不久的将来进行星际旅行，都需要强大的计算能力作为支撑。而计算能力发展是建立在庞大的能量需求基础上的。因此，为了向银河系乃至宇宙的深处进发，我们就一定要开始建造一个获取太阳能量的工程。或许最初只是建造小型的能量收集器，也可能是简单的环状结构。这种关于未来的思考不能仅仅停留在想象中或者是科幻作品中，而是应该积极付诸实施。因为地球的环境已经日益变得不适合人类的生存，同时我们需要更多的空间和资源，因此除了迈向太空，我们已经别无选择。

学会使用来自天外的能源

人类之所以要走向宇宙，除了满足本身具有的探索精神和好奇心之外，也是为了解决人类社会中存在的日益严重的问题，这就是能源问题。人类文明发展到现在，几乎在所有方面都十分依赖于能源。甚至可以说，人类的发展进程和能源是息息相关的。经济不断发展，全球的人口总数更在逐年上升，带来的是能源消耗的加大。传统的化石能源如石油和煤炭等，都被大量使用。虽然有很多国家开始在少数领域使用其他的清洁能源来代替化石燃料，但是新型能源始终是小众的，没有得到大规模的普及。

随着科技的发展，传统能源将进一步趋近枯竭，对能源的过度开采和使用造成了严重的温室效应和环境恶化。人类前所未有地希望能够找到新型的能源替代品，用这些更加环保和高效的能源取代过去的传统能源。那么，我们除了在地球上进行探索之外，还应该着手在宇宙中寻找。

过去，人类已经开始了一些对新能源的探索，其中包括核能、风能、太阳能、潮汐能，等等。但是这些能源都没有得到全人类的共同支持，并且都存在自身难以克服的缺点。例如，核能虽然十分安全，但是难以打消很多人的恐慌，并且随着核能的发展，如何处理核废料也成了一个难题；风能则面临着需要靠天吃饭，等风来才能发电；太阳能也不是每时每刻都能使用，当太阳被遮住的时候将无法起作用。

一些科学家认为，我们现在既然已经有能力进行太空探索，那么就不应该把眼光局限于地球上。既然地球上的所有元素都来源于太空，那么太空里必然存在更加丰富的宝藏等着我们去追寻。在经过考察之后，我们已经想到了一些利用太空的方式了。例如，使用月球上的氦－3来进行核能发电。氦－3是氦元素的同位素，它能够参与核聚变，并且毫无污染。我们目前在地球上进行核能发电的动力都来自核裂变。虽然核裂变已经比传统能源的效率高出太多，但是仍然无法与核聚变相比。核聚变，顾名思义，是通过原子核的聚合来产生能量。我们过去用来进行核聚变的实验材料是氢的同位素氘和氚，这两种元素在发生核聚变时，会产生放射性很强的辐射，因此存在很大的安全隐患。但是如果我们能够使用氦－3与氘发生聚变，就不会生成任何具有放射性污染的产物，十分清洁和安全。通过之前的探月行动，我们发现月球中的氦－3储量十分丰富，如果能够全部加以利用，那么将会带来巨大的能量。

我们在地球上种植农作物时，都要依靠太阳的能量，因此，太阳能是人类利用最早也是最多的能量。植物要靠太阳照射才能发生光合作用，并且能释放出氧气，为地球上的生命提供了必要的生命之源。我们日常使用的化石能源，本质上也来自太阳能。因为化石能源是由沉积在地底的动、植物经过漫长的转化而形成的，它们本身具有的能量正是源自太阳。

人类在其他领域已经开始有意识地使用太阳能，一种是用来提供热量，一种是用来发电。因为目前的太阳能电池对太阳能的转化率很低，所以在生产和应用方面仍然没有得到普及。目前，太阳能电池被使用最多的就是为宇宙飞船提供电力。

那么，如果我们未来在太空中建设一座太阳能发电站会怎么样呢？首先，在地球上铺设太阳能电池板需要占用大量的土地，但是在太空中就不存在这样的顾虑。其次，太阳光在照射到地面时要经过大气层，因此亮度和能量都已经被削弱了。如果在太空中接收太阳光，将可以产生更大的能量。

太空中不存在天气和昼夜变化，只要按照太阳的方位随时调整角度，那么太阳将全天候在线，每时每刻都提供能量。这些太阳能电池板在储存了能量之后，将会通过无线传输的方式把能量送回地球。地面上的接收装置把波转化为电流，再输送到世界各地。和地球上的太阳能发电装置相比，太空太阳能的发电能量能达到前者的8倍以上。有些人可能会怀疑无线传播能量的可操作性，但是要知道，我们很早以前就能通过卫星传播无线信号了，而只需要对这种设备稍加改造，就能变成能量的发射器和中转站。

在太空太阳能发电的规模上，存在两种不同的构想。一种构想认为，要采用大规模的电池组来进行发电，一次收集足够多的能量。但是首先这个结构将过于巨大，在地面组装好之后无法发射到太空中；如果在太空中进行组装，则会花费很多的资金和时间。因此，这种大型太空发电站的设想难以实现。另一种构想是发射若干颗地球轨道卫星，通过它们携带的电池板来发电，再由地面的接收器集中在一起进行供电。虽然每颗单独的卫星发电量较少，但是积少成多，也会产生可观的能量。同时，这样更便于管理和维护，哪颗卫星出现了问题可以随时进行修复，并且不会影响其他卫星。

除了利用太阳能进行发电，太空中还有很多其他的自然资源和矿产资源等待着人们去开采。以小行星“龙宫”为例，它是由铁、钴和镍等元素组成的，具有十分巨大的开采潜力。如果把上面的资源都开采出来，价值高达1000亿美元。而这样的小行星不止一颗。据粗略估计，我们能够开采的小行星资源，累积价值可能超过100万亿美元，这简直是一个天文数字。因此，越来越多的地外资源公司成立了。它们自行发射探测卫星来寻找合适的小行星并加以定位，等到未来人类的航天技术变得更加成熟时，它们就将去开采这些小行星上的资源。

以人类现在的技术，还无法进行大规模的开采，因为成本过于巨大。举例来说，即便是从月球上开采黄金，也无法填补巨大的运输成本。历次阿波罗登月飞船从月面带回的岩石和粉尘加在一起有接近900磅重，但是把它们运回来，总共花费了250亿美元。这还不包括从组装火箭到提供各种技术支持的多达30万人的人力资源。这样来计算的话，月球岩石的单价比黄金要贵上很多倍。因此，在航天技术得到发展之前，太空采矿无法体现出效益。

最近，NASA又提出了一项捕获小行星的计划。在这个设想中，我们将从地球上发射一个航天器，它的一端具有抓手的结构。当它遇到大小合适的小行星时，就会把小行星抓住，然后拖回月球轨道附近。这个计划的初衷并不是想要开采小行星上的能源，而是用它来作为跳板，提高载人航空的能力。人类现在练习登月或者登陆小行星，本质上都是为了在日后登陆其他行星——有很大可能是火星——做准备的。同时，尺寸较大的小行星会给地球造成一定的威胁，因此科学家们也想通过捕获小行星的技术来练习并改进如何使地球免遭小行星的撞击。这种技术能够让人类在太空中走得更远，还能让地球从可能的灾害中逃离出来，因此对人类更加有意义。

我们对宇宙进行观察时，发现了一种看不见的能量。这种能量充满了整个宇宙空间，并且能够和天体之间的引力相抗衡，导致了宇宙的加速膨胀。在宇宙膨胀原因的各种假说中，暗能量理论是最为人所接受的。在人们给宇宙做出的分化标准中，暗能量占到了宇宙总能量的70%以上，也就是说，它比我们能够观察到的所有物质具有的能量还要大上两倍。

科学家们认为，如果宇宙中没有了暗物质，那么各种天体系统，如星系和星系团等，都将无法形成。因为物质之间的引力不具备将这些天体连接在一起的能力，因此宇宙将是一盘散沙，不会有任何星球出现，更别提诞生生命了。虽然暗物质理论在很早之前就被提出了，但是直到最近的十几年间才有了一定程度的发展。通过对宇宙的观察，我们知道暗物质具有完全不同于已知的任何物质的性质。

暗能量既然在宇宙中占据绝大多数，那么如果这种能量能够被我们加以利用，将会对人类文明产生无法想象的巨大推动力。但是因为这种能量过于神秘，我们至今只能在理论中提到它，却无法真正利用这样庞大的能量。

宇宙是如此神秘，需要人类进行更多的探索。我们在现阶段即便只发现了宇宙中很少的一部分，仍然给人类带来了巨大的好处。随着科技水平的发展和文明程度的提高，在未来，我们将能够更多地利用宇宙中的能源，让人类的生活变得更加多姿多彩。同时，一切事物都有两面性，宇宙资源也存在一些弊端，我们要认真思考哪些是对人类有益的，并利用这些资源为人类世界创造幸福。

另一个生命的家园

人类诞生于地球上，地球是我们目前所知的唯一的家园，但是这个家园或许无法让人类永久居住。按照乐观的估计，人类还能在地球上继续生存20亿年。可以预见的是，我们所处的银河系最终将会和仙女座相撞并融合在一起。如果这一天提早到来，那么留给人类的时间就不到20亿年了。同时，地球还面临着地外小行星的威胁。每隔30万年就会有一颗直径大于160公里的小行星穿过地球轨道，其中的1/3极有可能和地球相撞。一旦发生这种撞击，地球上的生命将毁于一旦。

1989年，人类就差点遭遇这样的厄运。当时，一颗小行星从地球轨道穿过，而它穿越的位置与地球的距离是如此之近。当时地球刚刚向前移动了6小时，也就是日地轨道的1/4距离。从宇宙天体的分布密度来看，这点距离几乎可以忽略不计。而它如果真的撞到了地球上，威力相当于1000枚核弹！科学家们认为，这种每隔30万年就发生一次的危机就好像是赌场里的俄罗斯轮盘赌，谁也不知道哪次撞击能够让地球毁灭。

同时，人类社会的不断发展也在严重消耗着地球的资源，并且让地球环境变得更加恶化。人类消耗资源的速度远远超过了地球的承受范围，因此造成了大量自然灾害频繁发生。和过去相比，如今发生地震和洪水的次数已经增加了数倍，并且这一趋势还将持续下去。除了严重的地质灾害，气候的变化也引发了海平面上升和厄尔尼诺现象。或许，在地球尚未被外来星系吞并或者遭受小行星撞击之前，就已经毁在了人类手里。所以我们或许是时候离开地球了，除了给人类寻找一片更广阔的家园，也是为了保护地球免于毁灭在它自己创造的生命手中。

那么，在茫茫的宇宙中，人类将要向哪里进发呢？首先我们可以把眼光转向离我们最近的天体，那就是地球的卫星——月球。美国国家航空航天局（NASA）在进行了大量研究之后认为，可以先派出一小部分人类先遣队奔赴月球，并在那里挖掘洞穴，火山口或者陨石坑也是一个很好的选择。这是因为人类要躲避高能宇宙射线的辐射，因此要先找到一个容身之所。对于人类移民天外来说，月球是十分理想的前哨站。

有些科学家持有不同的意见，他们认为月球和地球的距离太近了，如果地球遭到外部的撞击，在月球上或许也难以幸免。在人类曾经加以考察的太阳系几大行星中，与地球的总体环境最接近的是火星，这也是为全世界科学家公认的结论。在很多人看来，火星比月球更加适合人类居住。有些致力于推动人类移民火星的人组成了一个松散的联盟，名字叫作“火星协会”。这个协会认为，人类如果要选择一个移民的目的地，那么月球和火星完全无法相提并论。这就好像欧洲列强在开始大规模殖民时，首选的是广袤的美洲大陆，而不是大海中的一个小岛。并且火星具有月球没有的优势，那就是它拥有大气层，能够更好地阻挡宇宙射线。并且和月球相比，火星上的重力与地球的区别没有那么显著。

但是对于这一点，仍然有科学家表示反对。他们认为，无论是移民月球还是移民火星，本质上都是对其他星球的占领，而人类并不拥有这个权利。如果我们需要离开地球生活，那么为什么不自己建造一个太空营地呢？比起迁往其他行星再开始大规模建设，不如直接在太空中组建一个足够大的栖息地。来自普林斯顿大学的物理学家奥尼尔在20世纪70年代曾经提出过一种设想，那就是在太空中建造一个巨大的城市。这个城市具有圆柱形的结构，并且有一个自转的轴。这个太空建筑将以每分钟一圈的速度自转，由此产生的离心力能够模拟地面上的重力。每个太空城市能够容纳很多人，甚至多达上百万人，并且可以根据容纳能力的要求来定制它的大小。

建造这种太空城市并不是天方夜谭，以人类目前掌握的技术，能够在太空中分段建造它的组成部分，最终拼接在一起形成一个完整的太空建筑物。同时它还有许多优点，比如它不一定要固定在同一个地方，甚至不必一直待在绕地球运行的轨道上。如果城市里的居民愿意，他们可以脱离地球，向太阳系之外的宇宙进发。在前进的旅程中，他们能够随时停靠在某些小行星或者其他天体附近，用来补充能源和其他必需品。

那我们该怎样真正实施这个庞大的工程呢？首先要克服的就是地球的引力限制。在航天器发射方面有一个经典的说法，那就是如果你能把宇宙飞船送入近地轨道，就已经成功了大半。即便是采用在轨组装的方式，每次需要运送的结构件仍然是尺寸巨大并且十分沉重的。因此火箭工程师们正在研发推力更大的火箭。在不考虑成本的情况下，有很多方案等着我们去验证和实施。

曾经有人设想，通过一种超级大炮把这些载荷像炮弹一样射向太空，并将它们送入轨道。有一位物理学家想要使用一台巨大的离心机来为物体加速，当它达到一定的转速之后，就能够摆脱地球的引力，飞向太空。还有人设想，我们只需要把原料运送到太空中，在那里通过3D打印的方式制造所需的各种零件，并组装在一起。但是我们首先要考虑的是如何制造这样大的一台3D打印机，其次要搞清楚在失重环境下，打印机将如何运转。

当我们来到太空，到达地球轨道之后，另一个问题就出现了，那就是我们该如何进行下一步的星际旅行。因为我们无法携带太多的化学原料进入太空，并且它们的推进效率很低，因此需要考虑的是使用其他推进工具来为星际旅行提供动力。有人开始尝试研发等离子发动机，这种发动机能够使太空船大大提高在宇宙空间的运行速度。现在我们到达火星需要耗费半年时间，如果使用这种发动机，时间将可能缩短至一个月。

还有些科学家认为，我们也许应该先凭借现有的技术制造出足够多的机器人，并且让这些机器人具有自我复制的能力。接下来，我们可以把这些机器人送往小行星或者火星。机器人到达之后，会开采那里的资源进行大规模的自我复制，生产出足够多的机器人之后再开始工业建设。在人类到达之前，先建起一座能够让人类居住的家园。甚至我们还可以把自己的DNA和机器人一起发射出去，在那里先进行繁衍。但是这个计划与人类的伦理发生了巨大的冲突，因此似乎不是一个好办法。对未来的过多设想有时会蒙住我们的眼睛，让我们忽略了眼下就可以进行的工作。有科学家认为，前往火星仍然是人类的第一选项。当然，一旦我们迈出了第一步，就不会再回头了。

一些科学家正在测试使用太阳帆来驱动太空船。一个探测器正在飞越金星，并且在到达之后继续围绕太阳运行，并将在5年之后回到现在的轨道上来。这个小型探测器的太阳帆非常薄，厚度只有7.5×10^{-3}毫米。这面太阳帆板能够产生的动力，足以驱动一台小型的探测器。不过如果要推动更大的飞船，则需要制造面积更大的帆板，这对目前的制造技术提出了考验。

另外，NASA还在研究太空船在宇宙中前进时停靠在小行星上的可能性。在地球和火星之间有很多小行星，其中的一些是呈周期性运行的。如果太空船能够在经过这些小行星身边时，附着在它上面，搭上一会儿顺风车，那么前往火星的整个旅程都将不会消耗任何能源。飞船本身携带的能源可以留作下一段旅行使用，大大延长飞船前进的距离。还有些人设想过更加富有想象力的前进方式，包括使用虫洞进行星际穿越或者曲率前进。但是这些理论仍然处于待验证阶段，目前还没有证据表明我们能够使用这些技术。

那么我们似乎可以继续设想关于太空城市的话题了，如果未来人类能够在太空中建立一片栖息地，那么根据我们前面的设想，这些太空定居点将能够围绕一个中心进行旋转，让人们感觉到与地球上相近的重力，因此将不会有任何不适感，在太空舱里的行动也将毫无阻碍。

NASA曾经想象过这一天将会是怎样的场景，并且通过假想图来描绘了这种生活。在这种假想中，人类将在22世纪初实现在太空中定居。这些定居点呈现出一个旋转的结构，类似一个巨大的摩天轮。摩天轮的每个生活舱部分都十分庞大，能够容纳很多人同时生活在里面。每个定居点将由数个生活舱组成，它们通过中央的轴连接在一起。这里不但能够模拟地球上的重力，还具有和地球类似的生态环境。在城市内部会有绿色植物和其他景观，能够提供十分舒适的生活条件。如果人们愿意，这里仍然可以按照地球上的时间作息，甚至能够庆祝地球上的节日。如果在这里待腻了，可以乘坐小型飞船出游，既可以返回地球，也可以去别的地方转转，总之，这里的生活十分惬意。

绝大多数科学家都认为，人类最终将会离开地球，寻找或创造一个新的家园。数百万年前，人类的祖先鼓足勇气从树上来到了地面，并最终征服了草原，征服了大海，到达了很多在想象中难以企及的地方。地球上的每一片大陆都曾被人类涉足，即便是气候恶劣的两极地区，也有人类的身影。人类从来都具有这种勇气，毫不惧怕未知的困难。无论人类最终要到何时才能离开地球，无论他们选择通过怎样的方式离开，无论他们最终去往何方，都将是在人类本性的引导下，为了实现更好的生活而扬帆远航的。

人类的未来在哪里

我们在地球上已经见惯了各种生物从生到死的过程，人类也同样逃不开这样的规律。如果我们把目光投入到宇宙中，就会发现宇宙也在按照这样的节奏向前发展。宇宙的所有天体都遵循生死的循环，每天都有很多恒星走到了生命的尽头，最后变为白矮星、中子星甚至是超新星。在银河系中，每过大约50年，就会有一颗恒星死亡。

20世纪60年代末，因为美国和苏联正在进行激烈的冷战，因此双方都在太空中布置了大量的军用卫星用来监视对方。其中，美国的一颗卫星在一次例行监听中，偶然发现了伽马射线的大爆发。这种射线具有极强的放射性，在核弹爆炸时会大量释放，因此美国十分紧张，猜测可能是苏联又进行了一次大当量的核试验。但是随后的分析证明，这些伽马射线并非来自地球，而是来自宇宙深处。几十年的时间过去了，我们还是没有弄明白这场伽马射线爆发是由什么引发的。

根据科学家的推测，这种射线的爆发有很大的概率来自超新星的爆炸。这颗超新星成为爆炸的源头，向周围的宇宙空间释放了大量的伽马射线。同时我们可以知道，这颗超新星距离地球并不算远。

在距离地球8000光年的地方，有一片等离子星云，在这片星云里有一颗恒星，科学家们把它命名为WR104。这颗恒星即将死亡，在它的内部存在一个十分明亮的核心，在不断地向外释放出巨大的能量和炽热的气体。如果科学家们计算得没错，那么当它最终死亡的那天，会从两极地区向外发出高能放射线束，同时伴随着巨大的爆炸。这些放射线束具有的能量比整个太阳蕴含的能量还要大。

如果这颗星球的灭亡之路真会以这种形式走到终点，那么将会成为人类目前为止观察到的宇宙中最耀眼的一次爆发。它发出的高能射线不知是否会波及地球，如果地球恰好在射线的范围内，那么地球上的所有生命都将会被消灭。大气层中的臭氧会在射线的作用下分解，地球将被笼罩在致命的辐射当中，这绝不是危言耸听。如果人类想要避免这样的结局，就应该及早做准备，在地球之外寻找一个新的栖息地。毕竟我们都听过这样的谚语：不要把鸡蛋都放在一个篮子里。

著名物理学家史蒂芬·霍金教授曾经在访谈中表示，人类如果想要逃离最终灭亡的命运，就应该离开地球，进行太空移民。霍金认为，人类如果只待在地球上，将受到很多灾害的威胁，无论是外来的小行星撞击，还是人类造成的环境恶化，都将使人类灭亡。但是如果人类能够进入太空，并且建成一批彼此独立的栖息地，就将会为人类保留生命的火种。在霍金看来，人类可能要先找到一些位于其他恒星系里的宜居星球，然后再向它们进发。但是如果想要进入太空深处，那么只靠阿波罗登月计划中使用化学燃料作为推进剂的火箭显然是无法达到目的的。如果用这样的火箭推动，那么人类到达其他星球的时间将会以万年计。

宇宙的年龄逐渐增长，人类也应该尽早为自己的未来谋划。人类已经登上了月球，但是仍然要把目光放得更远一些。火星是一个有必要加以探索的星球，人类很可能把火星作为深入太空的第一站，因此这颗红色星球将会起到巨大的作用。如果人类真的能够开发火星，那么火星有可能成为人类在地球之外的第二个家园。科学家们已经向火星发射了几颗探测器，能够近距离观察这片荒凉的世界，并对它的环境加以分析。未来，当第一个人类踏上火星的地面时，将会是新的历史纪元诞生的时刻。

火星的环境和地球相比十分恶劣，但是如果我们愿意开发这里，就能利用科技手段来对火星实施改造。我们可以在火星上开采能源提供能量，建造巨型的保护膜使火星远离宇宙中的辐射。接下来我们将改善火星的大气，并在火星土壤中培育农作物。或许用不了多久，火星上的移民将会成立自己的国家，有自己独特的生态系统，就像是最早的美国人在北美大陆上做的事情一样。

宇宙仍然在走向衰老，因此人类无论掌握了多么发达的技术，也不会保证能够长久地生存在地球上。太阳只是宇宙中无数恒星中极为普通的一颗，在未来也将像其他恒星一样走向毁灭和死亡。而太阳系中的一切到那时就将不复存在。现在，太阳正处于中年时期。在它生命的后半段，将会释放出更多的热量，亮度也会逐渐加强。再过50亿年，太阳将变成一个表面温度高达2000亿摄氏度的炽热火球。在这样的热量炙烤下，地球上的水分将全部被蒸发，成为一块光秃秃的岩石，这就是地球在未来将会面临的命运。而太阳则会继续膨胀，在生命的晚期成为一颗红巨星。太阳系中的所有天体都将被太阳吞噬，成为这颗红色星球的一部分。

但是我们如果能够抓住机会，就能逃离这种被毁灭的命运，宇宙中也将多留下一丝生命的痕迹。格利泽行星是科学家们发现的一颗类地行星。所谓类地行星，是指大小、温度和它与所属恒星之间的距离都和地球类似的行星，因此极有可能成为人类在地球之外的新家园。

这颗行星是在2007年被发现的。它的大小是地球的7倍，所属的恒星比太阳要小一些。但是它和恒星之间的距离正好位于一个合适的区间，使得它的表面可能存在液态水。但是如果要对它进行考察，我们要解决的最主要的问题就是，如何到达那里。虽然这是离地球最近的一颗类地行星，但是它仍然距离地球20光年之外。

人类目前发射的运行速度最快的航天器是旅行者一号。这颗探测器于1977年发射升空，在经过了近40年的飞行和加速后，已经超过了第二宇宙速度，也就是说，它将能够冲出太阳系，一直飞向宇宙空间。但是即便是以这样的速度飞行，它要到达格利泽行星，也需要至少35万年的时间。如果是应用人类现有的技术，那么飞行时间还要大大延长。

如果想要实现太空旅行，我们就需要考虑两个问题，一个是如何建造如此庞大的太空飞船，并且让它能够以一个很快的速度向未来的目的地前进；还有一个就是，这场旅行必将十分漫长，那么该如何让人类在太空中长久生存甚至是繁衍下一代。要解决第一个问题，就要找到更好的推进剂原料。我们正在研究使用核能或者其他能量，例如对于反物质的研究。当我们能够满足建造太空飞船的技术之后，就需要强大的经济基础作为支撑。建造这样的太空飞船——而且不止一艘——可能将会耗尽地球上所有的经济资源，并且没有任何回报。毕竟，当它踏上了通往太空的旅程，就再也不会回头了。如果一定要为它寻找一个积极意义，那就是它将带着人类寻找新的家园，让人类的生命能够延续下去。

接下来我们要面对的，就是如何在太空中度过漫长的时光。人类将在太空中繁衍，在那里出生的孩子，将只能从传说中得知关于地球的只言片语。在飞行的过程中，人类将会发生变化，甚至是大幅的进化，以适应改变之后的生存环境。人类的生命将会变得更长，智力水平也将变得更高。人类的皮肤将会改变，能够抵御宇宙中的有害射线。呼吸系统也会进化，让我们能够在成分更加复杂甚至有害的气体中呼吸。我们可能会制造出一些人造生物，来执行一些工作环境更为恶劣的任务。这些都将在旅途中发生，以便让人类能够走得更远。

人类的后代或许最终会在银河系中开枝散叶，到达很多行星上，建设很多家园。到那时，人类或许不会停下前行的脚步，而是向更远处进发。在银河系之外，还有茫茫的宇宙等着人类的开发。虽然我们知道宇宙最后也将走向毁灭，但是或许难以亲眼见到那一天了。在那之前，我们甚至不知道能否发现宇宙存在的秘密。宇宙究竟是如何诞生的，又将怎样灭亡，这或许只有宇宙本身才能完全了解。

天文学家在长期观察太空之后，利用观察到的数据来进行计算，已经能够预测，在未来的20亿~30亿年之后，银河系将与离它最近的仙女座星系发生碰撞。两个星系将会合成一个星系，就像我们在望远镜里看到的其他地方正在发生的事情一样。这个碰撞和合并的过程将会十分缓慢，需要20亿年的时间才能最终完成。在这个过程中，两个星系中的天体都将受到影响并发生改变，到那时，我们的太阳系将不复存在。

在更大的尺度上，宇宙也在向外加速碰撞，这可能是暗能量造成的。这个膨胀的过程一直在持续，并且似乎速度越来越快。所有的物质都在向外扩散，最后走向灭亡。宇宙中的天体都将耗尽自己的生命，引力也将不再发挥作用。暗能量的势头不会停止，而是拉着宇宙向外飞奔。所有粒子都相隔甚远，最终，宇宙成为一个看起来空无一物的大空洞。从这一点看来，宇宙不会再次发生大爆炸，而是会逐渐冷却，进入无边的寒冷和黑暗。

如果我们现在就考虑宇宙的结局，那么难免会发出一声叹息。但是作为人类，我们不应该失去希望。在不断向前探索的过程中，我们甚至可能突破宇宙的界限，找到其他更多的宇宙。在这之前，我们应该做的仍然是继续探索这个宇宙的奥秘。如果我们最终能够明白宇宙运行的规律，那么不但可以征服现在所处的这个宇宙空间，也能够在宇宙之间纵横穿梭，让人类的火种遍布各个角落。

星际旅行与星际移民

我们之前已经探讨了人类的未来，如果人类注定将会离开地球并前往太空，那就必将经历一个太空旅行的过程。以人类目前的技术而言，还无法实现长距离的太空旅行。随着航天技术不断向前发展，我们如果想要探索更为深远的宇宙，就要在太空飞行技术上实现突破。本节将会讨论科学家们正在进行实验，或者仍存在于设想中、等待未来进行验证的新技术。这些技术如果能够得以实现，会让人类的太空之旅变得更加轻松。

在科学家们的设想中，人类将能够制造出一种等离子推进器。过去，我们在进行航天活动的时候使用的火箭，都是通过在燃料燃烧时朝尾部喷射高速气体带来的反作用力来推进的。等离子推进器采用的原理与之类似，但是它喷出的不是气体，而是带电粒子。和传统的火箭相比，这种推进器的推力并不大，但是首先它只需要很少的燃料就能够工作，其次它能够在很长一段时间里保持恒定运行，所以飞船在这种推进器的推动下，虽然具有的初速不高，但是能通过不断地加速最终达到很高的速度。

在一些太空飞船上已经初步应用了这种技术，并且通过实践的验证获得了快速的进步。在未来，或许会有一种等离子火箭能够带领人类实现太空旅行。这种等离子火箭和我们前面所说的等离子推进器存在一些区别。普通的等离子推进器在加速离子时，使用的是电磁场。但是这种等离子火箭会先对离子进行加热。在磁场中，这些被加热的离子将会具有更高的速度，产生强大的推力。根据实验数据显示，如果使用等离子火箭飞往火星，那么只需要40天左右的时间就能到达。

另一种设想中的推进器使用的是核子脉冲。如果从危险性上来看，这种技术无疑将占据榜首。我们可以简要地介绍一下这种推进器的原理，那就是每隔一段时间就朝身后扔一枚核弹，通过核弹爆炸产生的推力前进。这种疯狂的想法是由美国国防部提出的。在20世纪50年代，美国政府曾经严肃考虑过实行一个星际旅行计划。在这个计划中，美国国防部想要实现在星际中高速穿梭的目的，于是就设想出了利用核子脉冲来推进。在最后的方案里，用这种方式驱动的火箭包裹着一层厚厚的外壳和减震装置，能够保护内部的乘员不受巨大的冲击和辐射的影响。

虽然这个方案在某种程度是可行的，但是将会给大气环境带来十分严重的辐射问题。所以经过慎重考虑，美国政府并未批准实施这一计划。现在，人们还在对这种推进技术进行研究，因为尽管它会带来诸多隐患，但是却能把太空飞船加速到接近光速的1/10。这样一来，只需要42年的时间就能从地球到达比邻星。

在利用核能方面，并不是只有使用核弹这一种狂暴的方式，我们还能够更好地利用核能。人类已经能够熟练地应用核裂变来获得动力，无论是建设核电站，还是用过核反应堆来驱动水面舰艇。使用核裂变技术，虽然比传统中使用化学燃料的火箭能够好一些，但是仍然比不上使用核聚变提供动力的火箭。

与核裂变相比，核聚变产生的能量更为强大，但是核聚变到目前为止还无法在人工受控的条件下进行。在科学家们的设想中，要在火箭上应用核聚变，就需要使用触发的方式来引发聚变过程。这样的设计需要使用激光来引发核聚变的连锁反应，之后再通过强大的磁场把聚变产生的离子束引导向火箭尾部喷出，形成强大的推力，推动火箭前进。

我们之前提到的这几种火箭推进装置，都有一个共同的问题，那就是需要加注燃料。燃料的体积和飞船的质量成正比。如果想要飞得更快、更远，就需要携带大量的燃料，但是由此带来的巨大质量，又与长途的太空旅行相矛盾。因此，如果要实现星际旅行，就要克服这种情况。因此，物理学家布萨德提出了一种方案，或许能让这个问题得到更好的解决。

首先，布萨德理想中的火箭也是通过核聚变产生的动力推进的，但是区别在于，这种火箭无须一次携带过多燃料就能够升空。在飞行过程中，火箭能够将太空中的氢元素进行电离，之后利用磁场把这些氢离子吸收进火箭内部，再转换成核聚变的原料。但是这种推进器仍然存在弊端。第一，它虽然解决了发射时的燃料问题，但是如果要在太空中吸附足够多的氢离子，这个火箭就要拥有足够强大的磁场，这是非常难以实现的。第二，如果想要避免增大磁场，就要在发射之前精确地计算轨道，才能够让飞船携带更少的燃料升空。

使用太阳帆来进行推进的技术也正处于实验当中。这种技术无须太空船携带多少燃料，并且可以通过太阳能来加速，最终实现非常高的速度。但是这个加速过程将会十分漫长，需要有足够的耐心等待。这种推进方式是从帆船中得到灵感的。帆船靠风来驱动，而太阳帆则是通过太阳光来驱动。在实验室条件中，人类已经取得了成功，但是在太空中进行的测试则都以失败告终了。在2005年，美国行星协会制造了一艘太空飞船，这艘飞船名为“宇宙1号”，计划以太阳帆的形式驱动。但是火箭在发射时出现了故障，飞船不幸坠毁了。

太阳帆技术虽然仍面临着很多需要解决的问题，但是我们都知道，每一个新技术的诞生都不会是一帆风顺的。在未来，这种驱动方式仍然具有很大的发展潜力，起码可以大规模应用在太阳系内的飞行任务中。当太阳帆技术取得突破之后，相信人们可以通过它更好地利用太阳能进行星际旅行。

和太阳帆不同，另一种技术使用太阳风作为飞船的驱动力，这就是磁场帆技术。这种技术在过去只存在于科幻小说里，但是现在正在变为现实。太阳风是太阳向宇宙空间发射的带电粒子流，这些粒子拥有磁场。如果在飞船周围能够制造一个磁场，让它与太阳风携带的磁场互相排斥，那么这种排斥力就能够作为飞船的驱动力。这种技术的衍生技术就是太空蜘蛛网。如果能够在飞船周围建造一个带正电的电网，那么可以和太阳风中的阳离子互斥，推动飞船前进。

对于磁场帆技术和太空蜘蛛网来说，都是使用磁场的相互作用力让飞船发生相对运动。但是这两种技术有一个很大的局限，那就是无法让飞船实现恒星之间的星际旅行。当通过这种方式驱动的飞船离太阳越来越远时，太阳风将会急剧减弱，造成飞船的动力不足。所以，这些飞船只能在太阳系之内活动。

还有科学家提出了使用激光作为推力的航天器。这种技术用激光作为动力来源，把火箭送上太空。这可以通过激光烧蚀的方式来实现。什么是激光烧蚀呢？就是用能量巨大的激光射向火箭的底部。在那里有一些特殊的金属合金，在受到激光的照射之后会瞬间蒸发，金属蒸汽从火箭尾部喷出，形成推力。

但是如果想要使用这种技术，就要克服很多困难。用来烧蚀金属的激光要精确地聚焦于飞船底端，而且不允许出现任何一点误差。如果出现了误差，就会造成烧蚀得不彻底，从而导致飞船失去能量。这样一来，飞船或者是在引力作用下坠毁，或者是飘浮在茫茫的太空中。同时，能使金属蒸发的激光束必须具备强大的能量，因此制造这种激光的激光器也要拥有很大的功率，那么该如何满足激光器的消耗，又成了一个问题。

20世纪90年代，有科学家提出，利用宇宙中普遍存在的星际物质在宇宙空间中形成时空的扭曲，而宇宙飞船能够在这种扭曲中实现曲率飞行，在很短的时间内到达遥远的空间距离之外。时空扭曲的原理是，当飞船前进的同时，尾部的空间则一直在扩大。这时，飞船就像是在一个膨胀的气泡上沿着弯曲的表面前进，它可以在不违反相对论的情况下，实现超光速飞行。

但是这种设想还有很多矛盾需要解决。因为理论上如果要让扭曲的时空得以维持，要消耗巨大的能量，这种能量甚至将会超过宇宙具有的总能量。同时，飞船在前进的过程中会产生很多有害的射线，使飞船内的乘客安全受到威胁。同时，最关键的一点是，我们该如何实现时空的扭曲呢？以如今的科技水平来看，人类连使用这种推动技术的起始条件都难以实现。

在时空扭曲技术被提出之后，马上就有科学家想到了通过虫洞来实现穿越时空。虫洞是一种假想中的概念，它指的是宇宙中可能存在的一些隧道，能够连接两个不同的时空。但是我们直到现在都无法证明虫洞是真实存在的，更别提利用它们了。而且，即便真的存在虫洞，我们在通过虫洞时会不会使它产生波动，进而造成隧道的坍塌呢？如果是这样，我们将被困在两个时空的中间，再也无法逃离。

上述提到的这些技术，都包含着科学家们对科技发展的预测和对未来的思考。总的来说，人类是一定要开始星际旅行的，这一天或早或晚，但是终将到来。在那一天之前，我们将会准备好充足的燃料和最高端的技术，将人类送入太空。人类将会乘着巨大的飞船在星际中远航，并且在合适的星球上进行移民。我相信，人类的文明之光有一天将能够播洒向整个宇宙。

驶向太空的远征

自古以来，人类就有一种伟大的梦想，那就是飞上天空，像鸟儿一样自由翱翔。无论在哪个民族中都流传着关于飞天的神话。很多人不但有这种想法，还亲自进行实验，最终为理想而牺牲了。这种情况一直持续到了20世纪初，美国的莱特兄弟终于发明了一种飞行器，能够在空中停留一段时间又平稳落地，人类离飞翔的梦想只有一步之遥了。在这之后，人类终于能够制造出现代飞机。人类因此掌握了飞行的原理，并在接下来的时间里设计出了很多各种各样的飞行器。

人类作为这个星球上唯一的智慧生物，有着强烈的好奇心和求知欲，并且永远不知满足。在发明了飞机之后，人类又想要飞向更高的地方，那就是离开地球进入太空，体验一下那里的感觉。但是飞机无论飞得多高，都无法真正离开大气层，因为它需要吸入空气来助燃，因此只能在大气层内飞行。为了满足进入太空的梦想，人类又开始埋头钻研，并最终设计出了一种发射技术，那就是火箭。

人类能够使用火箭之后，就进入了一个新时代，那就是可以对太空进行探索的航天时代。凭借大推力的火箭，人类得以乘坐宇宙飞船进入太空，并脱离地球的引力。从这时开始，人们开始了探索太空的旅程。第一个进入太空的人类是苏联宇航员尤里·加加林。1961年，加加林乘坐东方1号飞船进入太空，并且环绕地球一周。他的壮举也标志着人类的活动范围已经能够达到大气层之外。当时正处于美苏争霸的两极化格局中，美国为了证明自己也有进入太空的实力，并且技术更加先进，于是推出了探月计划，这就是“阿波罗计划”。这个计划中使用的火箭是人类迄今为止制造的推力最大的火箭——土星五号火箭。“阿波罗计划”一共将12位宇航员送上了月球，这是人类在过去从未完成过的壮举。这一计划结束到现在的40多年里，再没有人类到达过月球。

各个航天大国之所以没有继续开展将宇航员送上其他星球的计划，是因为载人航天比发射无人探测器要更加昂贵。同时，载人航天需要推力更大的火箭，而人类目前为止制造的运载火箭只能将有效载荷送入近地轨道，具有很大的局限性。另外，除了埃隆·马斯克正在进行实验的猎鹰九号系列运载火箭之外，世界各国的火箭都只能一次性使用，这就使每一次航天活动的成本都十分高昂。如果搭载人类的太空船想要在宇宙里进行远距离的航行，就需要使用很多燃料。这样数量庞大的燃料很难一次运送到太空里。美国之所以没有再继续进行载人登月活动，是因为发现耗资巨大的登月计划除了宣扬国力之外，并不能对其他科技水平的提高起到任何实质性的推动。从这方面来讲，实验性质的载人远航也存在这个缺点。

在登月计划结束之后，美国重新调整了策略。为了将更多人和货物送入太空，并且进行更有实际意义的科学探索，美国又制造出了航天飞机。这种载人航天器是人类目前制造过的一次载人数量最多的航天器。这种航天器的外形和普通飞机十分相似，但是内部却拥有完全不同的构造。航天飞机无法在大气层内自主飞行，只能利用气动外形进行滑翔。同样地，它也无法凭借自己携带的燃料进入太空，而是需要利用火箭推进器来进行发射。因此，可以把航天飞机看作是飞机和火箭相结合的产物。但是尽管没有使用突破性的技术，航天飞机仍然是人类一种大胆的尝试和创举。航天飞机囊括了当时最先进的技术，成为第一种可回收的载人航天器，但是每次发射仍然要耗费大量的资金。受到经济水平的限制，美国一共只制造了五架航天飞机。苏联也想要研发自己的航天飞机，并制造出了样机，这就是“暴风雪号”。但是之后，苏联没有能力继续支持航天飞机的研发，并在不久之后宣布解体。甚至有人说，正是航天飞机的项目加速了苏联解体的进程。

随着人类一次次登上太空，人类的很多技术都得到了验证和发展，并且通过在太空中进行的大量观测和实验，获取了很多在地面无法获得的数据。这不仅开拓了人类的视野，还让人们对宇宙的了解变得更加深刻。但是我们同时也应该看到，多年以来，火箭技术并没有得到多少发展。不是人们不够努力，而是使用化学燃料的传统火箭技术有它的局限性，那就是它只能到达地球的边缘，让人类离开大气层，在距离地球不远的地方进行一些科研活动，但是无法把人类送向真正的宇宙中。

当科学家们意识到这一点，他们就把目光转移到了其他方向，想要利用其他原料来为火箭提供动力。人类如今能够成熟使用的一种更加高效的动力来源就是可控核裂变。人类已经能够使用这种技术来驱动船舶，还能用它来发电，但是在航天器上一直没有应用。另一项关于核动力的研究在于如何实现可控核聚变。我们知道，核聚变能够产生比核裂变更加强大的能量，但是到目前为止，人类还无法实现核聚变在可控状态下进行。只有在实验室获得成功的经验，才能在实际中加以推广，因此这条路还很漫长。

如果能够实现可控核聚变，不但将为人类带来更多高效和清洁的能源，还能为火箭技术提供更强大的支持。到那时，火箭能够使用核动力来驱动，那么就可以飞得更高，飞得更远。因为同等质量的核燃料能够使用的时间更长，因此人类只需要加注一次燃料就能在太空中飞行更远的距离。从目前来看，或许核动力是最接近实际使用的动力来源，因此航天科技的发展在很大程度上与之相关。

但是我们要进行更深远的考虑，那就是有一天人类真的飞向了宇宙深处，就可能再也不会回头，因此如果燃料只能一次性使用而无法进行补充，将会造成十分严重的后果。在结合了这种思想之后，一些科学家设想了另外一种能量形式。使用这种能量，将可以在航程中随时补充燃料，并且能够在遇到急需的能源时稍作停留，为飞船里的宇航员或者居民补充生活必需品。在这种设想中，人类将会制造一种类似地球的飞船。这种飞船利用了地球具有的一种性质，可以提供动力来源。在科学家们的假设中，地球含有一种不为人知但十分丰富的元素，能够让地球维持现在的能量。如果这种飞船能够模仿地球，那么也会受到这种元素的保护，同时还会让在其中生活的人们不会产生失重的不适感。

人类如果开始星际远航，那么必定不能只派出一艘飞船，而是会组建一个庞大的舰队，类似今天的航空母舰编队，由很多具有不同功能的飞船组成。一种合理的方案是，建造一艘大型的、能够容纳更多人居住的母舰，再建造若干小型的、功能性的飞船。这些小型飞船可以出去执行任务，比如采集资源，或者是带着母舰中的乘客进行一次短途的太空旅游。

这种规模的太空船队绝不是为了完成实验或者考察的目的出行的，我们要清晰地意识到这一点，不要将它和当下进行的一些探测活动相提并论。这不再是几个宇航员抱着为人类献身的精神而进行的某一项探索任务，而是承载着人类的希望，建造能够容纳足够多的人在其中居住的太空栖息地。建造这样一艘太空船，不仅是要驶向宇宙深处，更是要满足人类在里面进行长久的生存甚至繁衍的需求。在人类找到下一个可以定居的家园之前，将会一直生活在太空中。甚至，未来的人类将不会选择定居生活，而是以整个宇宙为家。

因此，我们前面提到的这种太空船除了在出发时携带一批物质之外，在旅途中将完全依靠自己获得能源和生活资料，而没有任何其他的救助或者后援。因为我们无法一次携带如此巨量的东西，从地球给予补给则更加不现实。这样能够大大加强人类在太空中的生存能力，因为如果无法在太空中找到生存所需的资源，这艘太空船就将没有动力航行，其中居住的人们也将失去生命的希望。人类唯有团结合作，才能够完成太空远征的壮举，实现长久的生存和繁衍。

今天，已经有几个航天技术强国能够在近地轨道上建造空间站，用来进行人类在轨实验和其他实验。空间站技术能够让人类获得更多在太空中生活的经验，还能够验证人体是否会受到失重环境和宇宙射线的负面影响。但是我们应该认识到的是，和建造空间站相比，建造能够进行太空旅行的宇宙飞船要困难得多。可以这样说，地球上的任何一个国家都无法单独完成这项任务。因此，当这艘飞船开始建造的时候，就是地球上的人类抛弃国家的概念，而是以人类的身份开始合作的时候。这时，人类既然有能力建设太空飞船，也就说明人类科技和社会制度已经发展到了一定的高度，足以开始进行远征了。

当飞船从地球出发以后，来自所有国家、民族和宗教信仰的人们，都将有一个共同的名字，那就是地球人。这艘飞船以及由无数飞船组成的太空舰队，将承载着人类和他们创造的光荣历史与先进智慧驶向远方。这不仅代表着人类的希望，也代表着人类的未来。飞船中的人类将延续他们在地球上的荣光，把人类文明传播到宇宙中的各个角落。也许由此一来，在人类的远征途中，整个宇宙都随之发生了改变，而人类文明也将继续向前。

我们的未来是星辰大海

我们在很多电影中都曾经看到过人类宇航员驾驶太空船在火星甚至更加遥远的星球上登陆的画面。虽然电影需要进行一定的艺术加工和夸大，但是总体来说，这些场景都不是虚无缥缈的幻想。在不久之后的将来，我们就将能够实现这些事情。在太阳系当中，火星是和地球最为相似的一颗大行星。虽然它现在看起来仍然是一片荒凉的世界，但是如果人类未来遭遇了严重的灾害以至于需要离开地球时，火星将是人类的第一选择。人类已经向火星发射了探测器，能够更直观地考察火星上的环境，对于在未来迈向宇宙，我们信心满满。

有人或许会问，我们今天能够在地球上很好地生活，并且在短时间内也看不到人类社会崩溃或者地球遭受灭顶之灾的迹象，为什么要这么早就计划若干年后将要去往哪里呢？宇宙是如此广大而深邃，我们将向何处去？又将通过怎样的方式去呢？

地球是一颗美丽的蓝色星球，也是人类目前已知的唯一的家园。自从人类诞生以来，就没有离开过这里。这里拥有人类所有的记忆和文明的烙印，无论是好的发展还是破坏性的战争，都是在这里发生的。当今社会平稳发展，大多数人都衣食无忧。我们关注的焦点通常会放在日常的工作或者生活上，眼中只有人类社会，却忽略了脚下的地球。我们并没有意识到，一旦地球受到了伤害，那么人类如今拥有的一切都将荡然无存。

在太阳系中，有包括地球在内的八颗大行星，同时还包含数量众多的小行星、矮行星、彗星和其他天体。在这些天体里，人类能够选择哪个作为目的地呢？首先，我们要排除那些体积巨大的类木行星。它们包括木星、土星、天王星和海王星。这些行星的体积都很大，并且主要由气体组成，并不适合人类生存。在余下的几颗行星中，水星的体积和质量最小，环境也最为恶劣。于是我们只有金星和火星可以选择了，在二者当中，火星相对来说较好一些。

我们再把眼光投向地球的能量源泉——太阳。太阳带给地球光和热，哺育了地球上千千万万的生命。在太阳系中，把除太阳之外的其他所有天体加起来，还不到太阳质量的1/1000。对于我们来说，太阳已经相当巨大了。但是把太阳放在银河系中来看，它只是一颗质量中等的普通恒星，而整个银河系中有数千亿颗像太阳这样的恒星。也就是说，太阳系在银河系中，是如此地微不足道。人类只是银河系中非常渺小的一分子，通过进化达到了智慧生命的程度，并且能够使用一些技术发现宇宙的一部分样貌。但是我们依然无法得知宇宙的全貌，只是通过观察到的一小部分加上想象和计算才能得出宇宙的假想图。

如果我们站在人类之外的宇宙中回望自己，甚至无法发现自己的存在。我们不知道哪里是宇宙的中心，只知道人类社会偏居于宇宙的一隅，并且观察到宇宙一直向外膨胀。当我们了解到自身的脆弱之后，往往会诞生一种简单的悲观情绪，那就是在宇宙中，人类是如此卑微。

在过去的半个世纪里，人类一共进行了200多次太空探测任务。这些任务花费十分高昂，一次发射就要用掉数十亿美元。人类发射的跑得最远的探测器即将飞出太阳系，也就是说，太阳系中的每颗行星我们都已经观察过了。在离地球更近的地方，人类已经能够登上月球。在历次月球探测计划中，先后有12名人类宇航员登上了月球，除此之外，还有100多次的对月探测行动。人类还曾数次探测火星和金星，因为这两颗行星和地球有很大程度上的相似，因此人类将它们作为下一步登陆的对象，而且通过实地考察，科学家更倾向于向火星发展。

通过这些探测行动，人类的航天技术得到了发展和锻炼，同时也对我们的太阳系加深了了解。先辈们取得的成果，不断教育着一代又一代有志于太空探索的年轻人。新视野号探测器是人类迄今为止发射的运动速度最快的飞行器，它从地球出发，用了10年时间才到达冥王星附近。冥王星在过去被认为是一颗大行星，但是后来人们发现，它只是一颗矮行星。在飞越冥王星之后，新视野号将继续向太阳系之外进发。而等到它完全飞出太阳系，则要在3万年之后了。

新视野号在飞越土星时曾经回望地球，在土星的阴影里，地球只是一颗暗淡的蓝色斑点。如果不是有箭头指示，你甚至会认为这只是宇宙中的一粒尘埃，或者是相片上的一个像素点。我们每天都能看到月亮升起和落下，但是当宇航员们来到月球上时，他们看到的景象则完全相反。远处的地平线上，巨大的蓝色地球正在徐徐升起。通过视角的改变，我们能够更好地认识宇宙空间，也能更好地认识地球，认识人类自身。这样既可以让我们收起傲慢，真实地面对自己所处的环境，意识到人类有多渺小，同时我们还应该充满自信，那就是人类永远都不会停下前进的脚步，在未来，人类将到达更远的地方。

对于每个人类个体来说，了解一些天文知识都是很有必要的。我们必须清楚地认识到地球在太阳系中的位置，并且能够知道，在火星和木星之间存在一个十分宽阔的小行星带，里面有数量庞大的小行星。这些小行星将会在引力的作用下向地球的方向飞奔而来，如果有一颗直径超过160公里的小行星撞上地球，那么地球上所有的生命都将被消灭殆尽。

通过太空探测器传回的照片，我们能够清晰地看到，无论是地球的卫星月球，还是金星和火星的表面，都满是被天外来客撞击留下的陨石坑。在地球上也有很多陨石坑，有据可查的陨石坑就有170多个，实际上可能有更多。其中的一些可能没有被发现或者被史料记载，其余的可能是在地质运动中逐渐消失了。这些现在依然留存着的陨石坑，通常分布在美洲和澳洲大陆，但是在东亚地区就十分少见。这是不是能够证明，亚洲地区不会遭到陨石撞击呢？并不是这样的。地球上的每个地区遭受打击的概率都是一致的，不存在一个幸运的角落。那么之所以会发生这样的情况，应该是由于人类活动的影响，导致陨石坑被人类的遗迹掩埋。而如今发现陨石坑的地方都在人迹罕至的沙漠或森林中，所以历经很长时间都没有受到破坏。

科学家们曾经做过类似的撞击实验，一颗塑料材质的小球在经过加速后，能够在一块铝板上撞击出深达数十厘米的坑洞。既然塑料球都具有这样的破坏力，我们就应该能够想象出直径更为巨大、运行速度也更快的小行星能够对地球造成怎样的打击。在距今大约6500万年前，一颗小行星撞上了地球，撞击位置大概位于今天的墨西哥湾地区。这次猛烈的撞击在地表扬起了巨大的灰尘，整个地球都被包裹在了里面。灰尘隔绝了阳光，导致地球上的温度迅速降低，成了一个冰雪世界。在这次撞击中，地球上有超过90%的物种都灭绝了。

无独有偶，在1908年，一颗小行星撞向了人迹罕至的西伯利亚地区，让当地数平方公里的原始森林瞬间化为乌有。1992年，在苏梅克-列维九号彗星经过木星附近时，被木星的引力俘获，并最终坠落到了木星表面。这颗彗星在下坠过程中变成了20多个碎片，并在木星表面留下了痕迹。其中最小的一个碎片撞出的坑洞，都能够容纳整个地球。也就是说，如果这颗彗星撞向了地球，那么人类早就消失了。

在大约半个世纪之前，人类第一次登上地球以外的天体——月球。当时第一个迈上月球土地的宇航员阿姆斯特朗说，这是我个人的一小步，却是全人类的一大步。如今，随着航天技术不断发展，我们已经能够到达更多地方，看到更多以前没有见过的景象。在新视野号探测器飞越冥王星的时候，它第一次向我们展示了这颗星球的样貌。有意思的是，人类获得的第一幅冥王的清晰照片中，冥王星的地表中央呈现出一个心形。最近，人类又在火星上发现了液态水。这些发现都增强了我们的信心，那就是人类对太空进行探索，并且将向其他星球进行移民的梦想，终会实现。

人类登陆火星将绝不是一个梦想，而是会在20年内就成为现实。人类在到达火星之后，将以登陆地点为基地，继续探索火星的全貌，并建造起一座适合人类长期居住的家园。人类必须防患于未然，在发生地球严重灾害之前就做好准备，一旦灾难发生，我们将迅速进行转移。那么，如果人类进入了太空之后，还能够被称作是地球人吗？因为这个情况尚未发生，所以我们还没有一个确切的结论。如果生存环境发生了变化，人类有可能继续向前进化，甚至有一天发展成为我们今天无法想象到的一种全新的智慧生命。到那时，每个人都将成为一个能够独立探索宇宙的个体，更深入地感知宇宙的奥秘。

从前面谈论过的这些事情中，我们可以了解到，科幻电影描述的，只是遥远未来将要发生的真相，而不只是痴人说梦。人类诞生至今，已经过去了200万年。人类进入文明社会，距今已有5000多年。但是人类科技发展到较高的水平，能够开始尝试和外星生命进行交流，距今只有短短的数十年。人类还会继续生活在宇宙中，我们现在应该研究的，或许是人类文明在经过10万年的进化后将会达到怎样的水平。所以，人类关注的绝不仅仅是眼前这一片狭小的天空。我们的征途将是星辰大海，而只有进入了宇宙，人类才能拥有更广阔的未来。